国际儒学联合会资助出版

典亮世界丛书

《道法自然　天人合一》，彭富春　编著

《天下为公　大同世界》，干春松、宫志翀　编著

《自强不息　厚德载物》，温海明　主编

《民惟邦本　本固邦宁》，颜炳罡　编著

《为政以德　政者正也》，姚新中、秦彤阳　编著

《革故鼎新　与时俱进》，田辰山、赵延风　编著

《脚踏实地　实事求是》，杜保瑞　编著

《经世致用　知行合一》，康　震　主编

《集思广益　博施众利》，章伟文　编著

《仁者爱人　以德立人》，李存山　编著

《以诚待人　讲信修睦》，欧阳祯人　编著

《清廉从政　勤勉奉公》，罗安宪　编著

《俭约自守　力戒奢华》，秦彦士　编著

《求同存异　和而不同》，丁四新　等　编著

《安不忘危　居安思危》，吴根友、刘思源　编著

國際儒學聯合會·典亮世界丛书

自强不息
厚德载物

温海明　主编

徐萃 鲁龙胜 钱玉玺 张星琳 张小宇童　副主编

人民出版社

出 版 说 明

　　2014 年 9 月 24 日，习近平主席在纪念孔子诞辰 2565 周年国际学术研讨会暨国际儒学联合会第五届会员大会开幕会上的讲话中，提出了包括儒家思想在内的中国优秀传统文化中蕴藏着解决当代人类面临的难题的重要启示："关于道法自然、天人合一的思想，关于天下为公、大同世界的思想，关于自强不息、厚德载物的思想，关于以民为本、安民富民乐民的思想，关于为政以德、政者正也的思想，关于苟日新日日新又日新、革故鼎新、与时俱进的思想，关于脚踏实地、实事求是的思想，关于经世致用、知行合一、躬行实践的思想，关于集思广益、博施众利、群策群力的思想，关于仁者爱人、以德立人的思想，关于以诚待人、讲信修睦的思想，关于清廉从政、勤勉奉公的思想，关于俭约自守、力戒奢华的思想，关于中和、泰和、求同存异、和而不同、和谐相处的思想，关于安不忘危、存不忘亡、治不忘乱、居安思危的思想，等等。"习近平主席的重要讲话高屋建瓴，视野宏大，思想深邃，深刻阐明了中华优秀传统文化为人们认识和改造世界提供的有益启迪，为治国理政提供的有益启示，为道德建设提供的有益启发，对传承弘扬中华优秀传统文化具有长远的根本的指导意义。

　　为把学习贯彻落实习近平主席这一重要讲话精神进一步引向

自强不息　厚德载物

1

深入，国际儒学联合会与人民出版社共同策划了"典亮世界丛书"。丛书面向对中华文化感兴趣的海内外读者，以习近平新时代中国特色社会主义思想为指导，结合新时代中国的治国理政实践，由在中华传统文化领域深耕多年的学者担纲编写，从浩如烟海的中华典籍中精选与这十五个重要启示密切相关的典文，对其进行节选、注释、翻译和解析，赋予其新的涵义，以帮助读者更好地理解中华优秀传统文化之于当代中国的价值，为解决当代人类面临的难题提供中国方案，让中国优秀传统文化同世界各国优秀文化一道造福人类！

我们应秉持历史照鉴未来的理念，传承创新包括儒学在内的中华传统文化，把那些跨越时空、超越国度、具有当代价值的文化精神弘扬起来，倡导求同存异，消弭隔阂，增进互信，促进文明和谐共生，弘扬和平、发展、公平、正义、民主、自由的全人类共同价值，为共创后疫情时代美好世界、推动构建人类命运共同体而努力。

国际儒学联合会、人民出版社

2022 年 4 月

目　录

引　言

中华民族的精神气质是传统文化的集中体现，历经上千年的发展与沉淀，逐渐演变成为中国人的基本性格，融入每个人的骨血。《周易》乃"群经之首，大道之源"，在中华传统文化中占有举足轻重的地位，甚至可以说是"中国哲学与文化的总源头"[①]。"人更三圣，世历三古"，伏羲始画八卦，文王推演六十四卦作卦爻辞以应之，孔子后成《易传》，成书时间之漫长亦可见《周易》内容之厚重，是为先贤圣人智慧之结晶，仰观俯察而通天地之大道。

《周易》由《易经》和《易传》两部分组成，由于《周易》可用于预测，世人大多将其与迷信联系在一起，误以为讲的只是算卦占卜一类的内容。诚然，不可否认《周易》的思想文化必然受到了古代巫觋、宗教祭祀等文化的影响，这是历史留存下来的痕迹，但是就此断定此乃迷信之书，却是秕言谬说。卜筮文化由来已久，相关的卜书亦不在少数，然而只有"《周易》中的卜筮经过哲学的改造，是一种哲学化的卜筮，而不同于原始蒙昧的巫术"[②]。《四库全书总目提要·易类》说："易之为书，推天道以明人事者也。"《周易》重在强调天道与人事相对应，其关注点从对天地自然的崇拜转向关于人

[①]　温海明：《周易明意：周易哲学新探》，北京大学出版社 2019 年版，第 3 页。

[②]　余敦康：《周易现代解读》，中华书局 2016 年版，"前言"第 2 页。

本身的思考，讲述事物之恒变与不变之易道。这恰恰是跳脱出迷信怪圈的束缚，从蒙昧走向理性，实现了人文精神之觉醒。也正是其实践性与哲理性的统一，使得《周易》在传统文化中拥有超然独特的地位，中华民族精神也深受其影响。

通《易》之道，不可偏离乾、坤二卦，此乃"《易》之门户"。不仅是因为《周易》始于乾、坤二卦，更是因为乾、坤乃其余诸卦之基础，自屯、蒙到既济、未济，皆可看作是乾坤的变化、发展。再观诸卦由阴阳爻符号堆叠而成，具有阴阳两方面性质。乾为天、为父、为阳；坤为地、为母、为阴。二者虽为两个独立的卦，却又紧密相连。王船山以为，"乾坤本为一体，世间万物皆由阴阳构成。"① 实则，诸卦亦分有乾坤之性。"一阴一阳之谓道"，《易》之道一以贯之即是阴阳，也就是乾坤变化。天地之力实化成乾坤之意念，只有意会乾坤之意，方能返推至通达宇宙的《易》之本义，此即《系辞下》所言"乾坤成列，而《易》立乎其中矣"。

要想明了乾坤，需从《易传》下手。传是对经的解释，离开《易传》来胡乱阐发《易经》，会造成谬解经文之乱象。其实，《易经》与《易传》关联严密，哲思绵延，不可分割看待。《易传》十篇也称"十翼"。其中《大象》是对卦名和卦意的解释，分为两部分：前段取其卦象，后段言及人事。卦象与人事的对应，正是"推天道以明人事"的《周易》哲学智慧。《大象·乾》："天行健。君子以自强不息。"《大象·坤》："地势坤。君子以厚德载物。"可见关于人事上，乾卦蕴有自强不息之精神，坤卦含有厚德载物之气象。也就是说，整本《周易》向外散发出以自强不息、厚德载物为根基的精神气质，而以其为根源的中华传统文化自然很好地传承了此气象，衍生出自强不息、厚德载物的中华民族精神。

---

① 谷继明：《王船山〈周易外传〉笺疏》，上海人民出版社 2016 年版，第 7 页。

习近平总书记在多次讲话中都强调"自强不息""厚德载物"的中华民族精神，正是有此深远的历史根源、深厚的文化根基，中华文明才能绵延五千多年未曾中断，并继续面向现代化、面向世界、面向未来。所以本书选取历代对《周易》乾、坤二卦大象辞的注解，意图全方位、深层次地剖析其内涵以及二者之间的联系，强调中华民族精神之独立性，使之能被当代人更好地理解、运用，在新的时代焕发出新的生机和能量，增强民族文化认同感，通过塑造文化自信，实现中华民族伟大复兴的伟大征程，让中国传统的《周易》智慧为建构人类命运共同体贡献力量。

（一）

乾卦是《周易》六十四卦中的第一卦。《象》曰："天行健，君子以自强不息。"天体运行刚健强劲，永不停歇，乾卦效法之而同样具有了刚健之德，又由卦象所表示的自然现象进而推及人事方体悟出"自强不息"之道。乾卦由六个阳爻构成，象征着它积极向上、刚强的特质，"天行健，君子以自强不息"则代表了中国人民几千年来奋斗进取、在困境中不折不挠、突破自我的人生追求。本书第一部分收录了自先秦至清代有关乾卦象辞的论述，逐一对其译文进行简要分析，并将其中蕴含的思想与时事相结合，更切合实际地体会中华民族生生不息的精神特质。

《大象传》前句言卦象，由上下卦象与卦名组成，如"水雷屯"，"山水蒙"等。唯乾、坤二卦稍显不同，"天行健"，"地势坤"。乾卦上下皆为三爻的乾卦，取象于天；坤卦由两个三爻的坤卦相叠，取象于地。只因天、地都是唯一具象（朱熹、包仪语），所以象辞不言"重乾""重坤"。"天行健"，指天体运行昼夜不停、周而复始，从来没有停止过，这是自然现象。《大象传》后句言人事，用"君子以……"为句式。胡一桂言："大象皆着一'以'字，即'以'字示万世学者之准易之道，天人一体之道也。"《周易》一贯秉承着天人合一之准则，推及人事之言更是其中重点，这体现出《周易》超越传统巫术、占筮之学的人文理性精神。实则，早在先秦时期的《子夏易传》即已言明，由"天之运"指导"君子之事"无疑是《周易》整体文本中"天人合一"思想的体现。《周易·系辞传下》："有天道焉，有人道焉，有地道焉，兼三才而两之，故六，六者非它也，三才之道也。"人可以通过仰观俯察天地变化之道，帮助指导自身行事以顺应客观规律，从而实现"天人合一"的和谐状态。即使是在科技迅速发展的今天，这仍不失为真理。如何构建具有中国特色的生态城市理念、如何在人与自然和谐关系中谋求人类社会、经济、文化的可持续发展，这些当下的焦点问题都可溯本追源，回到《周易》中汲取营养。

所以，"自强不息"是乾卦尤为突出的哲学智慧。"自强不息"者，效法天道，奋发进取，绝不停息。天之刚健运行，随心所欲而无息，但君子效法之却言"不息"。北宋大家程颐言："盖自人而言，固有一时之健，有一日之健，惟无息乃天之德。"历代学者们都发现了其中的些微区别，天道运行悄无声息，但常人尚且需要孜孜不倦利用困勉的工夫，是为"有迹"（郝懿行语），所以于人道而言，效法天道须"自强不息"而非"无息"。这是天人之间的差别，但这并非无解，有学者如南宋李过、明代何楷等认为"无息"即是儒家的圣人境界，所谓"圣可学也"，由"不息"入手坚持不懈，最终可达至"无息"，也就是儒家"希贤希圣希天"之渐进成圣路径。

及至唐代，开始将"自强不息"与古之圣贤的事迹相联系，比如《周易口诀义》中，"仲尼终夜不寝""颜子欲罢不能自已"之例。这正是君子文化的体现，君子之德是儒家文化的精华，作为"群经之首"的《周易》也以此为核心。在中华传统文化中，"君子"一重要的内涵即是指道德修养很高的人，这也应当是人们奋斗进取、自我修养的目标。但当下受到西方精英主义、个人主义文化的影响，我国传统的道德观念受到了巨大冲击，君子之德不再成为人们心中的唯一追求。如何构建现代思想道德和价值观念，如何把握圣人之意、张扬君子之风、与时俱进地发扬易学中的德行智慧，都是具有重大意义的现实问题。

至宋明以及之后的乾卦文本解释，则更具有哲学思辨性，常与《中庸》天道之"诚"相联系（朱震语）。唐中叶韩愈、李翱以后，《大学》《中庸》愈加受到儒学大家的重视，逐渐成为儒家经典的核心。宋以来，以《中庸》解《周易》之风大抵因此而成。在对"自强不息"的发挥中，尤其注重"至诚无息"章，以此为依据断定"自强而后能不息"（张浚语）。对于"自强"与"不息"的关系，历来有两种诠释，一种是"自强而不息"的并列关系；一种是"惟自强故能不息"的因果关系。显然，自宋以来的理解更倾向于后者，明代林希元在其《易经存疑》中更是特意点明"自强又不息"的不正确性。在此自强而至于不息的逻辑背后，又有"苟日新，日日新，又日新"的生生不息之意，蕴含了动态变化的发展思维，强调物极必反、变动不居的宇宙规律，认为事物永远处在变的过程中，量变不断积累才能引起质变。因此君子之"自强不息"应该效法"天之刚健"，以发展的眼光应对变化日益迅速的今天，以夜以继日的努力践行实现人生价值和道德追求。

另外，由乾卦文本反映出的《周易》"中道"思维也十分明显。比如《周易新讲义》中，"君子之于天，无所不法，法之以为修身之要者，健而已。故七德之中独法其健，且力分之外不可强，欲强则虽勇，于必用且拂而逆理矣。彼君子之自强法天之行健而已，则其强非力分之外也，非力分之外故能久而不息也"。自强不息要保持"非力分之外"，保持张弛有度、不偏不倚的行为准则，才能持之以恒。这对于避免极端功利主义追求、缓解当代紧张的社会氛围以及树立新时代下良好的社会行为准则具有重要意义。

（二）

"地势坤。君子以厚德载物。"这是坤卦的大象辞。天地乃自然界最大的具象，而乾和坤代表的是《易》至大之道，所以乾取象于天，坤则取象于地。君子学习大地最重要的品德，即通过不断增厚德性，来承载万事万物。这是最基础的理解，如果再向深处琢磨，就能发现这短短十个字中蕴含了《周易》之大智慧。本书第二部分集中历来众多学者对此的剖析拓展，填补理解空缺。

《说卦传》："坤，顺也。"古代先贤俯察地势而得其"顺"之特性，所以言"地势坤"。此"势"非拘泥一隅肉眼所见的表面地势形态，而是大地的整体形态，即东北高，西南低。孔颖达、朱震、来知德等人即在其注解中强调这一点，这是根据生活经验所得，明代魏浚也借《禹贡》书中记载导川一事，论证地势确是朝东南方向倾斜。此为坤地之顺的一个表象。另一方面，坤顺还体现在对乾天的顺从。这是历代学者公认的最为重要的性质。古代天文学有"天圆地方"之说，虽然天和地在外在形势上并非一致，但于内里坤地之意必然顺应乾天之意，地之道实际上与天之道相吻合。如子夏之言："地无不载，势顺而上承于天，君子修博其德，而当承上之事也。"坤卦能够顺应、承接天道，让天道的事业在人世间得以成形、实现。君子修养自身的德性，必须要以对天道的顺承为原则和方向。通俗来讲，就是个人和团体的发展都必须要同社会发展的大方向相适应。寻求自身的进步不能是盲目的，而是要秉持和发扬正道。同时，乾天具有生生之意，赋予万物性命，那么坤地则顺应万物生长，"使物物全其生""使物物遂其生"（胡震语），故而坤具有包载广育之气象。

值得注意的是，此"顺"并非一味地懦弱顺从，而是要因时而顺，如王夫之在其《周易大象解》所言："夫子之于父，且有乾蛊，臣之于君，且有匡救，非必顺也。唯物之资我以生者，已而各有其志欲，各有其气矜，积以相加而不相下，则可顺而不可逆。"坤地之顺，讲原则，有底线。辜鸿铭先生在其《中国人的精神》中提到，中国人的精神是温顺（gentle），这是中国人生存的精神支柱，是区别于所有民族的本质上与众不同的东西[①]。孔子学生子贡评价夫子以"温、良、恭、俭、让"，温良者，温和善良，也就是辜先生所言之"温顺"，此中体现的正是坤卦之顺德。置于致力于民族复兴的当下，亦当继续传承此种坤顺精神，外柔而内刚，这是我们中华民族的骨气与脊梁。

"地势坤"是坤卦所反映出来的天理，使之照应于人事则为"君子以厚德载物"。纵观历史，此"君子"有不同的理解，如虞翻用卦爻之变来说明君子指的是乾；又如罗典认为，此君子即是坤之六五，居君位而厚德载物，使万物滋生。实则，二者都没有跳脱出品德高尚之人或地位高的人的意思，不过是更为具体而言之。

君子效法坤地而悟厚德载物之意。因其顺所以能包育万物，此乃"载物"也。而"厚"者何来？厚本就是大地之性，坤卦两地相叠更显其厚重。在此之中，含有"唯厚所以能顺"（梁寅言）之深意。所以说，"厚德"与"载物"之间存有因果联系。南宋大儒朱熹对此有一精妙详细的见解。他说："惟其厚，所以上下只管相因去。只见得他顺，若是薄底物，高下只管相因，则侧陷了，不能如此之无穷矣。惟其高下相因无穷，所以为至顺也。君子体之，惟至厚为能载物。"只有具备了厚的特性，大地上高低起伏的地形才可以不断地接续下去，而这高低上下接续无穷，正是大地至顺的体现。君子细细体味到这一点，不断深厚自身德性才能够承载万物，也就是赵汝楳所说的"德不厚，载物不溥"。除此之外，还有学者将二者看

① 辜鸿铭著，黄兴涛等译：《中国人的精神》，《辜鸿铭文集》（下卷），海南出版社2000年版，第27—28页。

作内外关系，即儒家常言的内圣外王之道。元朝赵汸将"厚德"看作含弘于内，将"载物"看作光大向外。黄道周亦以为此乃成己成物之学。

总而言之，要想成就厚德载物之气质，当以德养身为要。"德"之一字为中国哲学和文化的重要范畴，"中国文化在西周时期已形成'德感'的基因，在大传统的形态上，对事物的道德评价格外重视，显示出德感文化的醒目色彩"①。《郭店竹简·五行》："德，天道也。"德来自天道，"仁礼存心"（王夫之语），这是合乎天道的行为。而厚德是一个逐渐积累德性、修炼磨砺、发奋进取的动态过程，非一蹴而就，"必有以培其基"（魏荔彤语）。既是禀受于天道，那必然离不开乾天之"自强不息"。北宋大家王安石说："自强不息，然后厚德载物，故于坤也，君子以厚德载物，自强积德，以有载也。"自强进取，不息不止，方能培养出深厚的德性来承载万物。因而，"厚德载物"要以"自强不息"为基础；"自强不息"是"厚德载物"的起点和功夫。只有坚持不懈坚守自强，方能够有源源不断的累积，来形成深厚的德行以承载万物。

在涵养德性的过程中，人的心胸逐渐开阔，对外展现出一副豁达、从容，而且能够坚守原则的姿态。如此一来，私欲无从觉醒，个人之意连接万民之意，通达天地之意，进而生发出"为天地立心，为生民立命"的豪迈气魄和责任担当。这是就个人层次而言。在国家和民族的层面，厚德载物体现出来的即是一个致力于构建人类命运共同体的负责任的大国形象。以包容强大的姿态立于世界东方，与他国交往谦逊守礼，以和为贵，在互帮互助中实现美美与共。同时，这也是文化自信的表现，纵有万般挑战亦不惧矣，包罗万象。

---

① 陈来：《古代宗教与伦理——儒家思想的根源》，生活·读书·新知三联书店 2009 年版，第 8 页。

（三）

第三部分收集了自北宋至清代有关乾、坤两卦象辞的总论。学者们普遍认为，"自强不息"与"厚德载物"是乾、坤之道在人身上之现象的描述，或者说是乾、坤之道在人道的落实。

对于两者的地位，北宋司马光和南宋真德秀分别从正反两面论证乾、坤二卦乃"《易》之门户"的说法。司马光认为，"自强不息"与"厚德载物"是人们通过《周易》领悟天道的必经之门，达道济物。真德秀则从反面指出，如果不能做到"自强不息"与"厚德载物"，人们便无法恰当处理与万物的关系。可以说，司马光是在应然的意义上讲二者的重要性，真德秀则从实然的角度讲二者的必要性。由此，"自强不息"与"厚德载物"便成为人们应当去做，而且必须遵循的道德法则。

至于"自强不息"与"厚德载物"二者之间的关系，存在三种不同的理解，即并列关系、互补关系与因果关系。认为二者存在并列关系的思想家以高攀龙、连斗山为代表，但两人的理解又不尽相同。明代高攀龙从心学角度审视《周易》，认为易道在现实当中的发用表现为人心于所遭遇的具体情境中遵从天道，"自强不息""厚德载物"都是人心在具体情境的表达，将"自强不息"与"厚德载物"转化为心学功夫之境界。连斗山则将"自强不息"与"厚德载物"统统纳归人事过程之中，认为是事前事后的两种功夫，因"时"而有所不同：君子在临事之先要"自强不息"，在事发之后则要"厚德载物"。果若如此，那临事之时该当如何？如果说高攀龙的理解是出于学脉传承，那么连斗山的认识则带有经验与时代色彩，清代学术不满于心学流于狂禅虚诞，生出一种反动，追求经世致用，故而倾向于将之纳入实践中进行考量。这样做虽不免失掉些许经典原有的哲学韵味，但亦算为经典的创造性转化做出了一定程度的努力。

认为二者存在互补关系的思想家以司马光为代表。司马光认为，"自强不息"与"厚德载物"都是帮助人们在厚德前提下利用万物以成其事的功夫，但二者存在互补关系。"自强不息"教人自勉，"厚德载物"教人正德，人要想拥有厚德，就得以正德为功夫内容，以自勉为功夫形式，达到形式与内容、形与神的统一。

认为"自强不息"与"厚德载物"二者存在因果关系的思想家，以王夫之、朱轼为代表，两人都认为"自强不息"是功夫，"厚德载物"是"自强不息"的结果与境界。实际上，二人将"自强不息"与"厚德载物"置于儒家"内圣外王"来理解，"自强不息"乃于内修己，"厚德载物"则是向外成物。但王、朱二人对于作为功夫的"自强不息"之理解存在根本区别，王夫之认为《象传》教人如何处理与他人乃至万物之间的关系，因而"自强不息"是一种正向的修行功夫，使人在一切对象性交往关系情境中的行为都合乎天理；朱轼则将修身功夫理解为"存天理而遏人欲"，将天理与人欲决然对立、判然两分。

宋明时期的思想家们多采取直解的方式理解经传文，融入个人的生命体验，使得"自强不息"与"厚德载物"拥有较为鲜明的功夫色彩，更多发挥经典在助人修身养性方面的功能。清代思想家们则融入经学考据方法，有意识地采取以经证经的方式，为理解象辞的深刻内涵，乃至打通各部经典、重建经典背后的义理系统，带来有益启示，打开了一条可与西方诠释学相接的经典诠释新道路。比如清代任启运结合《大学》来理解《周易》象辞之"自强不息"与"厚德载物"，认为"自强不息"就是"明明德"，"厚德载物"即是"亲民"；王又朴则打通《象传》与《彖传》，指出天行健与《彖传》终始往复之意相连，"厚德"则取《彖传》持柔守正之意。通过经典与经典之间的对话，经典背后的问题意识与义理系统被不断揭示出来。

本书致力于统合古今学者对待"天行健，君子以自强不息"和"地势坤，君子以厚德载物"的诠释与发挥，由古及今、由浅入深地恳考《周易》中蕴藏的微言大义，深度挖掘以此为源泉的中华民族精神，使得中华民族优秀传统文化适应当下时代发展需求。在今天的中国，要实现中华优秀传统文化的创造性转化、创新性发展，需要将以下两种方法融会贯通：既要对天地之道、圣贤之教有所体悟，施诸事为，使其在自己的生活世界中实现出来，共同构造出理想的身心秩序、家国秩序、社会秩序；又要打通各类经典，会通中西思想，在比较与对话中深化优秀传统文化，应对时代挑战，弘扬中华文明。

第一篇

自强不息

本篇收录了历代有关乾卦象辞的论述，并将其中蕴含的思想与时事相结合，更切合实际地体会中华民族生生不息的精神特质，以期对于当下个人的工作生活有所指引，对于社会道德氛围有所肃清，对于《周易》文化知识有所普及以及对于中国特色社会主义现代化建设有所贡献。「自强不息」者，君子效法乾天运行之刚健无息，努力奋进，决不停歇。在此背后，蕴含的是勉力为之，由「不息」到「无息」的生生之意，由此奠定了整本《周易》勃勃生机、奋发向上的基调，成就了百折不挠、宁折不弯的中华民族风骨。

健而不息，天之运也〔1〕；自强而成德者〔2〕，君子之事也。

——春秋·卜商〔3〕《子夏易传》

注释

〔1〕健：刚健。不息：不止，不停息。运：运行，循序变化。

〔2〕自强：修养自身，努力向上，自我勉励，奋发图强。成：成就。

〔3〕卜（bǔ）商：即子夏（公元前507—？），孔子弟子，"孔门十哲"之一，以文学见长。

译文

刚健并且无所停息，这是天体运行的规律；自发向上并且涵养德行，这是君子需要（效仿天）做的事情。

解析

"健而不息"是天体运行的规律，这是一种实然；"自强而成德"是君子该行之事，这是一种应然。易经之道就是"推天道以明人事"，所以君子应该以天为则，积极前进、修养品德，这也符合乾卦整体积极向上的氛围。

正如《中庸》中所说"君子不可以不修身"，名将岳飞为了抗金保国，不畏奸臣谗言，遇害前仍想着收复河山；江姐被关押在渣滓洞中受尽酷刑仍百般不从，从容就义；鲁迅弃医从文，终生为唤醒在战争屠戮和封建压迫下麻木的国人而奔走呼喊。行高于人，众必仰之，反之，品德低劣的人往往会被人所鄙视，三国时陈宫不与

15

曹操为伍的故事就是一个很好的例子。因此，君子应该做到修身成德、努力提高道德修养，只有品行端正、道德高尚的人才能称之为君子。"君子无终食之间违仁"（《论语·里仁》）便是"自强而成德"的完美表现。

"君子以自强不息"者，凡言君子圣贤之通〔1〕呼？故尧舜一日万几〔2〕；文王日昃〔3〕不暇食；仲尼终夜不寝〔4〕；颜子欲罢不能自已〔5〕；盖是修德乾乾、无时休息也。

——唐·史征〔6〕《周易口诀义》

注释

〔1〕通：共同之处。

〔2〕一日万几：帝王每天处理政事极为繁忙。语出《尚书·皋陶谟》："无教逸欲，有邦兢兢业业，一日二日万几。"

〔3〕日昃（zè）：太阳西斜。

〔4〕仲尼终夜不寝：语出《论语·卫灵公》："吾尝终日不食，终夜不寝，以思，无益，不如学也。"

〔5〕颜子欲罢不能自已：语出《论语·子罕》："夫子循循然善诱人，博我以文，约我以礼，欲罢不能。"

〔6〕史征：河南人，生卒年不详，《四库全书总目提要》据朱彝尊《经义考》认其为唐代人。

译文

"君子要做到自强不息"，这是古往今来君子圣贤的共通之处吧？所以尧舜每天处理繁忙的政务，文王忙到太阳西斜都没有时间吃饭，孔子整夜不睡觉，颜子好学到停不下来，大概是修养德行勤勉努力到没有时间休息吧。

|解析|

　　君子文化不仅是儒家文化的精华，也是《周易》的核心。《周易》作为"推天道以明人事"之书，从天体的运行规律延伸至君子的品行之上，这是自然而然的，"君子以自强不息"由是体现了对于君子的要求——自强不息。此处举尧舜文王、孔子颜回等君主、圣贤的例子来说明，虽已年代久远，但对指引今天人们的人生态度仍有重要价值。积极向上和消极沉沦是不同的人生态度，在很大程度上决定了一个人的人生际遇和人生价值，而"自强不息"无疑是指引人们奋发向前的，这样的态度在生活中难能可贵。

　　刘秀祥这个名字大家可能不太熟悉，但是"千里背母上大学"这个故事大部分人一定听说过。刘秀祥出生在贵州偏远山村，家境贫寒，父亲早亡，母亲患有精神疾病。从小学四年级开始他就要承担起照顾母亲和家庭开支的重任，从上山采药、拾废品一直到电站工地打工，随着年龄的增长，他做的活也越来越重。生活虽然困苦，但他一直未放弃学业，最终考入临沂大学。为了照顾母亲，他做出背母上大学的决定。后来他的经历被媒体报道，许多人伸出援助之手，但都被他拒绝了。大学期间，他不仅兼职打四五份工维持生活，还积极帮助其他贫困学生。大学毕业后他又拒绝了北京、上海等地的高薪工作，毅然回到家乡做了一名教师，助力贫困学子实现大学梦。刘秀祥多年来对母亲不抛弃，对学业不放弃，积极投身公益事业，以自身经历感染和激励其他同样处在困境中的人，正是以自己的行动贯彻"君子以自强不息"。

"天行健"者，谓天体之行，昼夜不息，周而复始，无时亏退，故云"天行健"。此谓天之自然之象。"君子以自强不息"，此以人事法〔1〕天所行，言君子之人，用此卦象，自强勉力，不有止息。

　　　　　　　　　　　　　　——唐·孔颖达〔2〕《周易正义》

注释

　　〔1〕法：效法。古代先贤仰观天象，俯察地势，而后明于人事，这是《周易》的宗旨，即通过对自然的观察通晓修身做人的道理。

　　〔2〕孔颖达（574—648）：字冲远（一作仲达、冲澹），冀州衡水（今河北省衡水市）人。唐初经学家、秦王府十八学士之一，孔子第三十一世孙。其奉诏主持编纂的《五经正义》严格遵守"疏不破注"的原则，是唐代经学的重要成就。

译文

　　"天行健"意指天体运行昼夜不停、周而复始，就像太阳月亮等天体一直循环出现，从来没有停止过。所以说，"天行健"指的是天体运行这种刚健不已、亘古不变的自然现象。"君子效法乾天之道，奋发进取，永不止息"，实际上指用人事来效法天体运行的现象，修身养德的君子效仿此卦象，努力奋进，一刻也不停息。

解析

　　天圆地方是古代科学对宇宙的认识。古人把太阳、星星、月亮等称为"天"，天体都在周而复始、永无休止地运动，不断循环出现，它们的轨道好似一个闭合的圆环；而大地静悄悄地在那里承载着万物，恰如一个方形的物体静止稳定；"天圆地方"的概念由此产生。这个概念同时也对应人体的圆颅方趾，头是圆的，与天之圆相对应，脚是方的，在《说卦传》中乾卦也代表了人体的头部，与地之方相对应。这就使人的生命与宇宙运行相互呼应起来。

君子应该法天所行、自强不息，如何才能叫作自强不息？自强不息有"不有止息"之意，那么这件事一定贯穿每个人的一生，从出生到死亡前一刻都是可以做的。现在自强不息多指好好学习工作、奋发向上，虽然这个解释十分积极向上，但老年人的身体条件明显不能支撑这种说法，所以自强不息并不仅仅指事功上的努力。那么自强不息到底指的是什么？《周易·文言》指出"君子以成德为行，日可见之行也"，修养品德是每个人在每个时段都可以做且必须做的，因此自强不息指的是君子修德行善，这符合儒家思想的特色。

"天行健"者，盖言天以至健而行，故一昼夜之间，凡行九十余万里。而君子之人，则当法之而健健不已〔1〕，以至为君为臣为父为子。小之一身，次之一国，大之天下，皆当法天之至健之德，强勉于己，夕思昼行，无有休息，则可以成天下之事业，而行天下之大道也。故曰："天行健，君子以自强不息。"

　　——北宋·胡瑗、倪天隐〔2〕《周易口义》

注释

〔1〕不已：不停歇，不停止。

〔2〕胡瑗（993—1059）：字翼之，世称安定先生。泰州如皋（今江苏如皋）人，北宋理学先驱，与孙复、石介并称"宋初三先生"。著有《尚书全解》《春秋要义》《周易口义》《皇祐新乐图记》等。

倪天隐：号茅冈，北宋桐庐（今属浙江省）人，博学能文，师从胡瑗。《周易口义》是倪天隐对其老师胡瑗关于易说的记录。

译文

　　"天行健"大概是说天以十分刚健的态度运行，所以其在一天一夜之间，大约能够运行九十多万里，而君子其人应该效法天的刚健，保持极为刚健的生生不息，才能够担当起君臣父子（的责任）。从小的方面说是个人，往大点说是一个国家，再大就是整个天下，都应该效法天这种极其刚健的品德，自己要尽力而为，晚上思考白天行动，没有一刻停息，这样乾乾精进才能够成就天下间（各种）事业，践行于通乎天地的大道之中。所以《乾·大象》说："天体运行刚健，君子效法天应该做到自强不息。"

自强不息　厚德载物

▌解析▐

在作者看来，极其刚健是天的品德，也是天运行昼夜不息的原因，因此小到个人，大到国家乃至整个天下都应该效法这种品德。具体该如何做呢？从个人来讲要尽心尽力，心思要始终保持奋发向上，行为上要张弛有度；从国家来说，若是人都能够做到这样，那么这个民族所表现出来的精神面貌自然也是积极向上的。只要如此行为，对于个人而言，可以实现人生理想与价值，做人做事无往不利，因为他已经行走在天下最宽广的道路上了——自强不息；对于国家而言，自强不息与国家和民族的兴衰存亡息息相关。

从现实看，自强不息是中华民族的传统精神，是每个中国人的精神内核，是中华民族几千年薪火相传的根本原因。纵观中国近代史，中华儿女在民族危亡关头的英勇抗战令人赞叹。历史证明，一个人如果没有自强不息的精神必定会碌碌无为，而一个民族如果没有自强不息的精神就会有走向衰亡的危险。

君子之道，始于自强不息，故于《乾》也，"君子以自强不息"。

——北宋·王安石〔1〕《临川文集》

注释

〔1〕王安石（1021—1086）：字介甫，号半山。抚州临川（今江西省抚州市）人。中国北宋时期政治家、文学家、思想家、改革家，"唐宋八大家"之一。其主持的变法虽以失败告终，但在一定程度上缓解了北宋积贫积弱的局面。现存有作品《临川集》《临川集拾遗》《临川先生歌曲》《临川先生文集》等。

译文

践行君子的道路，应当从自强不息开始，所以《乾》卦中说"君子以自强不息"。

解析

这句话是王安石《易象论解》的第一句。《大象传》的前半句和后半句分别对应着卦象和人事之理，但《易象论解》只取下半句的解释，也就是专门针对人事而言，所以《易象论解》篇首直接提出"君子之道，始于自强不息"。《周易》中的天人关系是"推天道以明人事"，而《易象论解》则将人放在了第一位，将视线彻底转向了人的主观能动性。同时，作为《易象论解》的开篇第一句，"自强不息"无疑奠定了整个《易象论解》积极向上、奋发向前的基调。

乾道覆育〔1〕之象至大，非圣人莫能体，欲人皆可取法〔2〕也，故取其行健而已，至健固足以见天道也。君子以自强不息，法天行之健也。

——北宋·程颐〔3〕《周易程氏传》

注释

〔1〕覆育：抚养，养育。

〔2〕取法：取之以为法则，效法。

〔3〕程颐（1033—1107）：北宋理学家、教育家。字正叔，世居中山，后徙为河南府洛阳（今河南省洛阳市）人，世称伊川先生。与其兄并称"二程"，二人曾求学于周敦颐，共创"洛学"。著有《周易程氏传》《遗书》《易传》《经说》，被后人辑录为《程颐文集》，后人将其与程颢著作合编为《二程全书》。

译文

乾道涵盖抚育的景象最为庞大，不是圣人不能体会，（但是圣人）希望人们都能够体悟效法乾天之道，因此强调（乾道）运行刚健之象，当刚健到极致的时候就足够窥见天道了。君子应该做到自强不息、效法天体运行的刚健。

解析

相比易学象数研究，《周易程氏传》更加重视其义理，程颐认为"有理而后有象，有象而后有数"。只要能够明白义理，象数自然显于其中，因此《周易程氏传》实际上是程颐的理学思想著作。

程颐的"理"是其哲学中的最高范畴，是事物的"所以然之故"，是天地万物共同的本原，可见此处的"乾道"与"理"是相似的。由此可见，穷理实际上就是要穷尽事物的所以然。如何对理进行深入的认识？既然先有理而后有象，理在象中，那么即象可识理。就像此处程颐认为乾道涵盖的景象十分庞大，只有圣人才能够直观体会到，但是普通人可以根据天体运行表现出来的刚健，做到自强不息，也能够以此窥见天道，这实际上也体现出了程颐"体用一源，显微无间"的思想。

夫天，岂以刚故能健哉？以不息故健也。流水不腐〔1〕，用器不蛊〔2〕，故君子庄敬日强，安肆日偷〔3〕，强则日长，偷则日消。

——北宋·苏轼〔4〕《东坡易传》

▌注释▌

〔1〕腐：变质，腐朽。

〔2〕蛊：原意指一种经由人工培养的毒虫，此处用作动词，即被虫子腐蚀之意。

〔3〕偷：苟且。

〔4〕苏轼（1037—1101）：字子瞻，一字和仲，号铁冠道人、东坡居士，世称苏东坡、苏仙、坡仙，眉州眉山（今四川省眉山市）人，祖籍河北栾城，北宋文学家、书法家、美食家、画家。"唐宋八大家"之一，著有《东坡七集》《东坡易传》《东坡乐府》等。

▌译文▌

天岂是因为刚直就被称作强健的呢？天的强健在于其永不止息的运行。流动的水不会发臭，一直被使用的器皿不会被害虫腐蚀，所以君子每天庄重严肃就会日渐强健，每天安逸放肆就会日渐苟且，强健会（使人）一天天地壮大，苟且会（使人）一天天地消亡。

▌解析▌

天因其永不停止的运行而具有强健之德，人若想效法天获得刚健之德，同样也应该做到日日不息。荀子有言："不积跬步，无以至千里；不积小流，无以成江海。"（《荀子·劝学篇》）日日重复一些微小事情，短时间来看似乎并无作用，但从长远角度看，若每日都能够在这些小事上保持积极向上，长此以往，厚积薄发，自然能够看到良好的效果；若每日都保持安逸苟且的心态，在这些小事上放纵自己，虽然短期内仿佛无甚影响，但是就长远而言终究在走下坡路。前者有如司马迁历经十四年呕心沥血完成被誉为"史家之绝唱，无韵之离骚"的《史记》，欧阳修"三上"苦读；谈迁以三十余年编成《国榷》一书，后者有如方仲永安于先天资质，不思上进，最终泯然众人。乾阳刚健之德的涵养非一日之功，不可一蹴而就，需要有生生不止之耐性，保持积极向上奋发的状态不动摇，在日积月累中从量变走向质变。

自强不息　厚德载物

《象》曰："天行健，君子以自强不息。"帝之所兴，王之所成，皆原于此。

——北宋·张根〔1〕《吴园周易解》

注释

〔1〕张根（1061—1120）：字知常，号吴园，饶州德兴（今属江西）人。北宋官员。

译文

《大象》中说："天的运行刚强劲健，君子应该像天一样，自我力求进步，刚毅坚卓，发愤图强，不可懒惰成性。"君王治下的兴盛成就都是其自强不息的结果。

解析

《大象》中多数讲的是上位者，少部分讲君王，此处的君子是指以修德为主的人，而非带有政治背景的"君子"。但《周易》作为占卜之书，最初面向的就是统治阶级，因此其中必然蕴含着治理天下的思想智慧。效仿天行健以自强不息亦是帝王应践之道。

事实上，历史上颇有功绩的帝王无不如此。嬴政十三岁继承王位，自登基就忙于兼并天下，构建秦帝国，一生都在为事业奋斗；朱元璋集君权与相权于一身，事必躬亲，日夜操劳，因其勤勉而被称为"鸡鸣天子"；勤政楷模雍正帝每日睡眠不足四小时，全年只休息一天，每日处理五六十件事务，现存奏折四万多件。这些无不让人感叹帝王所兴皆源于自强不息。

君子之于天，无所不法，法之以为修身之要〔1〕者，健而已。故七德之中独法其健，且力分之外〔2〕不可强。欲强，则虽勇于必用且拂而逆理矣。彼君子之自强，法天之行健而已，则其强非力分之外也，非力分之外，故能久而不息也。

——北宋·耿南仲〔3〕《周易新讲义》

注释

〔1〕要：要点，关键之处。

〔2〕力分之外：自身力量以外。

〔3〕耿南仲（？—1129）：字希道，开封（今河南开封）人，宋朝大臣，著有《周易新讲义》《易明蒙》等。

译文

君子对于天的一切都要效法，而在效法的内容中，对于修身而言最重要的是刚健。所以七种德行中尤其要效法刚健，并且除了尽力之外不可以过分强求。强求虽然是一种坚决去做的勇敢行为，却不免违反天理。君子奋发图强，效法天行的刚健而已，他的奋发并不在力所能及之外的事情，不在勉力范围外，所以才能够长久不停息。

解析

天行健是天体运行的自然规律，是乾天自身能力所致，非外力强加而成。君子效法天行健而奉行自强不息，并不意味着必须毫无尺度地奋发向上，而是需要量力而行，不能过分强求。自强不息是一个长期不断的过程，若是提前透支，则后续难以维持，终将无法保持长久态势，事实上这也是违背天理的。

从个人来讲，身体健康是一切奋斗的本钱，短期内过度消耗精力的奋发并不明智，适当休息是对自己人生的负责，也是对奋斗的正确理解。只有找到能力范围内的度，才能保持长久奋斗姿态。同时国家也是一样，我国正在建设社会主义现代化强国，是世界上最大的发展中国家，从经济的高质量发展到"绿水青山就是金山银山"的生态保护，各方面都在讲求长期发展、可持续发展。由此可见，"非力分之外，故能久而不息"，君子的自强不息只有在自身能力范围内，日积月累，才能长久发展下去不停息。

天所以为天者，健也，万里一息，其行不已。君子以是自强不息，不敢横私〔1〕其身也。夫"不息则久，久则征，征则悠远，悠远则博厚，博厚则高明……博厚配地，高明配天"〔2〕。乾言"不息"配天也，坤言"厚德"配地也，两者"诚"而已矣。独于乾言"诚"者，诚，天之道也〔3〕。

——宋·朱震〔4〕《汉上易传》

注释

〔1〕横私：任意据为私有。

〔2〕语出《中庸》第二十六章："故至诚则无息，不息则久，久则征，征则悠远，悠远则博厚，博厚则高明。博厚，所以载物也。高明，所以覆物也。悠久，所以成物也。博厚配地，高明配天，悠久无疆。如此者，不见而章，不动而变，无为而成。"

〔3〕语出《中庸》第二十章："诚者，天之道也。"

〔4〕朱震（1072—1138）：字子发，世称汉上先生，湖北荆门人，北宋、南宋之际的著名大臣、理学家。

译文

天之所以为天，是因为（它的）刚健，一息之间就能运行万里，且其运行是没有停歇的。君子应该（像天）一样奋发向上不停息，不敢随意用私欲支配己身。（如此）不停息才会长久，长久方能有效验显现，有效验就能悠久长远，悠久长远才能逐渐积累变得广博深厚，广博深厚发扬出的事业必然高大光明。广博深厚言地的德行，高大光明则与天相媲美。乾卦用人事之"不息"匹配天的德行，坤卦用人事之"厚德"效法地的品质，二者都是诚。仅就乾卦来说，诚是天的规则。

▎解析▎

　　乾卦启示我们要自强不息，勤奋努力，永远处在积极向上的状态中；坤卦启发我们要修身立德，培养宽厚谦和的态度，永远坚守原则、保持善良。2021年7月，河南洪灾，众多国货品牌纷纷捐款捐物，共渡难关。经营状况并不好的鸿星尔克、申请破产的汇源果汁、利润惨淡的奇瑞汽车都捐赠了大量资金和物资，令人赞叹。默默捐款的鸿星尔克更是因其慷慨的捐赠和下行的经营状况形成鲜明对比，一夜爆红。鸿星尔克作为成立二十多年的老牌运动服饰企业，在全产业电子虚拟化的浪潮中坚守实业，在服饰品牌营销化的氛围中仍将质量和客户体验放在首位，在炒鞋狂潮中仍保持合理定价，这份近乎朴实的坚守也让网友称赞不已，引发了"野性消费"狂潮。这份突如其来的力挺和关爱也没有让他们迷失，其总裁吴荣照表示仍会积极调整团队策略，坚守初心，用高质量国货回报社会。像这样的国货品牌还有很多，他们继承了中国人民最为朴素的精神内核，一步一步向前，在国家大是大非面前永远立场坚定、旗帜鲜明，在国家需要帮助的时候永远敢为人先、挺身而出，不遗余力出资出力，这正是"乾言不息配天，坤言厚德配地"的忠实表现。

易无非象，乾坤至大之物不可形容，故但言其用而已。至健者，乾之用也；自强不息者，君子取法于乾也。天所以历万古而无敝〔1〕者，以息息不停运而无迹也。君子体之以进德修业，如成汤之昧爽丕显、坐以待旦〔2〕，文王日昃不暇食，固足以继天道矣。盖处尊崇富贵之地，内有淫声美色之蛊，外有台池苑囿之观，自非以道制欲，未有不荒怠者。《中庸》曰："至诚无息，不息则久。"〔3〕非体本刚健，安能无作辍〔4〕者乎？

——南宋·李光〔5〕《读易详说》

注释

〔1〕敝：疲惫，衰败。

〔2〕语出《尚书·商书·太甲上》"先王昧爽丕显，坐以待旦。帝求俊彦，启迪后人，无越厥命以自覆。慎乃俭德，惟怀永图。若虞机张，往省括于度则释。钦厥止，率乃祖攸行，惟朕以怿，万世有辞"。成汤：即商汤，商朝开国君主。昧爽：拂晓，天欲明未明之时。丕：大。显：明。相传成汤在天未明时，即思考自己如何彰明德行，若有所得，便坐等天亮后来实行它。

〔3〕语出《中庸》第二十六章"故至诚则无息，不息则久，久则征，征则悠远，悠远则博厚，博厚则高明"。

〔4〕辍：停止。

〔5〕李光（1078—1159）：字泰发（定），号转物老人，谥庄简。越州上虞（今浙江绍兴市上虞区）人。南宋词人，与李纲、赵鼎、胡铨并称"南宋四大名臣"，唐朝汝阳王李琎的后代。清《四库全书》据《永乐大典》将其作品编辑成《庄简集》十八卷。

┃译文┃

《易》的本质是象，乾坤涵盖万物不能够（具体）形容出来，所以不过是（用象）表达出它们的用途。极度刚健是乾卦表现出来的特征，自强不息是君子效法乾卦应该做的。天之所以经历悠久的时间还不衰败，是因为它每时每刻都在不停息地运行且不留痕迹，难以察觉。君子体悟到这一点，积极提高道德修养、建立功业，（其努力程度）就像商汤天不亮就起床处理政务、文王专心致志到忘记吃饭一样，如此就能够继承天道了。身处尊贵富裕地方的人们，内部有淫邪音乐美色的腐蚀，外部有用于观赏玩乐的园林建筑，若是自己不用天道来制约欲望的话，那么没有不荒废懈怠的。《中庸》说："极端的真诚是不停息的，没有止息就会长久。"如果不是人本身刚直强健的话，怎么能够什么都不做就中止呢？

┃解析┃

自强不息除了需要自己主动追求积极向上、修身立德之外，外部环境的影响也是必不可少的，在积极健康的环境中尚且需要强大的意志力才能做到自强不息，更何况在安逸荒废的环境中呢？现代年轻人追星氛围浓厚，许多学生盲目崇拜偶像，耽误学业，有些劣质偶像更是对社会造成了负面影响，不断冲击着大众的三观。随着最近部分艺人劣性事件不断曝光，大部分民众纷纷对失格艺人进行声讨，但令人惊奇的是，仍有不少"铁杆"粉丝表示不管偶像做出什么样的事情都会继续支持，甚至做出诸如为"人气打榜"倒掉新鲜牛奶、帮助老赖艺人网暴他人、侮辱缉毒烈士等让人大跌眼镜的事情。毫无疑问，因为劣质艺人的广泛影响力，其言行已然对青少年的成长造成不正确的引导。国家网信办正式开展清朗行动，重拳处理网络乱象，是解决问题的有力举措。

"少年强则国强，少年智则国智。"青少年是国家的未来，每个少年都应当自强不息，但是如何在身心尚未成熟之际引导他们建立正确的价值观是重要的问题。"内有淫声美色之蠹，外有台池苑囿之观"带来的无疑是负面影响，因此除了学校家庭注重引导青少年独立思考之外，社会也要积极参与文艺活动的监督，让遵守社会公德的行为蔚然成风。只有在积极向上的环境下，青少年才更可能追求进德修业、做到自强不息。

天以"诚"运其行，至健生物〔1〕，大功自是流出。君子法天，去伪存诚，求以自强。自强而后能不息，记曰："不息则久，久则悠远，悠远则博厚，博厚则高明。"且夫君子之所不息者，何道？曰：善道也。君子勉于为善，生物之德可以配天，功用大矣。君子以自强不息，其不息者何事？亦曰：强于为善而已矣。夫天运以健，生利之德，于是乎着君子遇时惠泽之及乎，天下何可息也。

——宋·张浚〔2〕《紫岩易传》

注释

〔1〕生物：使万物得以生长。乾天具有创生之力，参见《乾·彖》"大哉乾元，万物资始，乃统天"。

〔2〕张浚（1097—1164）：字德远，世称紫岩先生。汉州绵竹县（今四川省绵竹市）人。北宋至南宋初年名臣、学者。著有《紫岩易传》等，近人辑有《张魏公集》。

译文

天道依靠"诚"来实现运行，极其刚健而能孕育万物，如此大的功德从此而来。君子效法天应该去掉"伪"留下"诚"，以此要求自己努力向上。自己努力向上之后才能够不停歇（保持积极），所以《中庸》有言："（不息）才能够长久，才能够悠远，长久悠远下去才能够（达到）广博深厚，广博深厚（之后）才能够（达到）高明（的境界）。"那么君子坚持不止息是一条什么样的道路？答曰：好的道路。君子勉力向善，其孕育万物的功德可以配得上天，善的功用十分广大。君子奋发进取永不停息，其坚持不息所为何事？回答说：努力做善事罢了。天用刚健来运行，孕育有利条件的功德，于是君子遇到合适的时机条件能够惠爱恩泽（他人），天下又怎么能止息呢？

▌解析▌

作者认为君子效法天应该做到自强，即努力向上，而这种"自强"是有层次的。首先，努力向上之后保持不停歇才能长久，"悠远"即是长久的意思。这种观点和每个人的生活也是十分契合的，努力向上是一种人生的方向。我们只有选择正确，哪怕是自认为正确的道路，才能不迟疑地走下去，才能够保持长久。

其次，作者认为长久下去才能够"博厚"，正如我们沿着人生道路走下去，随着个人经验的逐渐累积，人生阅历、人生厚度也在积攒，因此个人经验也会逐渐扩大而深厚。

进一步而言，"博厚"之后能够"高明"，我们的阅历、经验已经达到"博厚"，那么对于我们原本选择的人生方向有更加深入的看法。无论如何选择，相比其他人，你对于这条路的看法更加"高明"。

既然"自强"是有层次的，需要长久的时间才能够完成的，那么"不息"的过程中要做些什么呢？作者强调了向善，做善事不停歇。上天有孕育万物的功德，君子效法天应该勉力向善，惠泽他人，那么天下都会永远和谐下去。君子为善不息的品德无疑能够协调社会关系，促进社会稳定。

> 天有乾之象也，君子像天与乾者也。天有乾之象者，以乾健而天行亦健故也。君子能像天与乾者，以天行健而君子自强不息可像之也。
>
> ——南宋·郭雍〔1〕《郭氏传家易说》

注释

〔1〕郭雍（1106—1187）：南宋医学家，字子和，祖籍洛阳（今河南省洛阳市）。出身儒门，其父师从程颐，对《周易》研究颇深，郭雍继承其父之学。著有《易说》《伤寒补亡论》等。

译文

天是乾卦的取象，而君子又与乾天相像。天与乾卦的卦象相似，是因为乾阳具有刚健的德行，天体运行亦是刚健有力。之所以称君子能够效法乾天，则是因为君子自强不息的精神与天体的刚健之行相类似。

解析

乾卦在天文地理意义上的取象是天，乾卦还取象为玉，玉代表了君子的温润谦和。"天人合一"是中国哲学亘古不变的主题，认为天道和人道是相通的，如《中庸》言"天命之谓性"，人之性是天命向下授予的，因此君子与乾卦和天都有相像之处。乾卦具有刚健之特性，其取象之天自然也是刚健的，君子要效仿二者就是学习它们刚健的品德，做到自强不息。

现下我们的生活已然进入自媒体时代，渠道的多样性让很多身处困境但奋发向上的人们有了分享、谋生的手段，也让更多人看到了他们自强不息的人生。一位高位截瘫八年的消防员朱铭骏在视频网站上分享自己的故事，并致力于心理康复，经过他的讲述，我们看到一个人在困境中努力挣扎、奋发向上的历程。这让我们反思，和他相比，我们这些身体健全的人，能否像他一样保持积极向上的心态？君子自强不息莫过于此，这也是我们效仿刚健之德的做法。

天行健，健即诚也，所谓"诚者，天之道也"〔1〕。君子以自强不息，其不息亦诚也，所谓"诚之者，人之道也"〔2〕。自强非有使之者也，曰"强"，又曰"不息"，强之至也。天行健乾之德也，自强不息，君子以己为乾也。运行不穷之谓健，进修不息之谓强，其义一也。

——南宋·杨万里〔3〕《诚斋易传》

注释

〔1〕诚者，天之道也：诚，是上天本然赋予的道理。语出《中庸》第二十章。

〔2〕诚之者，人之道也：诚之，是追求明善的人的道理。语出《中庸》第二十章。

〔3〕杨万里（1127—1206）：字廷秀，号诚斋，自号诚斋野客。吉州吉水（今江西省吉水县黄桥乡湴塘村）人。南宋文学家、官员，与陆游、尤袤、范成大并称为南宋"中兴四大诗人"，且其精通易学，著有《诚斋易传》二十卷。

译文

天体运行刚健，"健"就是"诚"，也就是所谓的"诚是上天的准则"。君子应该奋发向上不松懈，不松懈也就是"诚"，这就是所谓的"追求诚是做人的准则"。奋发向上（是自发的行为）而不是外力使然，这叫作强，不松懈就是奋发向上到极致。天体运行刚健是天的品德，做到自强不息是君子效法天的行为。运行不息叫作健，奋发向上不松懈叫作强，它们的含义是统一的。

解析

天行不息叫作健，人奋发向上不松懈叫作强，二者是统一的。人做到奋发向上并非是外部的催促，而是内在的动力驱使自己如此行动，就算短期内仅靠外在的鞭策可以有所奋发，但是不能长久保持下去，自然也就不能做到"不息"，也就不是真正的自强了。

现实中也是如此，拿我们最为熟悉的学习来说，学生时期的自主学习意愿并不高涨，更多受制于应试教育。而与之相对比的是现在日趋火热的成人教育市场，诸如在职研究生、留学语言培训，教师、公务员等考试培训，一建证、CPA 证、软考证等培训占据市场的份额越来越多，这都反映了人们在工作后自主学习的热情高涨。成人由于就业市场的压力、职场晋升的需要或者自身提升的追求，学习意愿强烈，不再处于上学时填鸭式的被动投喂状态，而是主动去汲取。可见内在动力来源于自己心中的意念，受此驱使才能做到自强不息，而外部的压力只能激励一时，不能激励一世。因此君子需要发自内心地认同追求"诚"，追求"天道"，才能真正做到自强不息。

自强不息　厚德载物

但言天行，则见其一日一周，而明日又一周，若重复之象〔1〕，非至健不能也。君子法之，不以人欲〔2〕害其天德〔3〕之刚，则自强而不息矣。

——南宋·朱熹〔4〕《周易本义》

注释

〔1〕重复之象：指两个三爻乾卦组成的六爻乾卦，其卦象为两天相叠。

〔2〕人欲：不合乎天理范畴的贪欲，与天理相对。出自《礼记·乐记》"人化物也者，灭天理而穷人欲也"。后朱熹进行发挥，强调"存天理，灭人欲"。

〔3〕天德：即天理。

〔4〕朱熹（1130—1200）：南宋理学家、思想家、哲学家、教育家、诗人，是理学集大成者。字元晦，又字仲晦，号晦庵，晚称晦翁。祖籍徽州府婺源县（今江西婺源），生于南剑州尤溪（今属福建省尤溪县）。其一生著述颇多，有《四书章句集注》《太极图说解》《通书解说》《周易本义》等，后人整理有《朱子大全》《朱子语类》等。

译文

谈到天体的运行，见到它们一天自转一圈，第二天又转了一圈，虽然看上去都是重复的景象，但是如果不是刚健至极是不能够呈现出这样的现象的。君子效法（天体的运行），不因人的私欲损害其禀受于天的刚健之德，就能做到了自发向上且不停止。

▌解析▐

在朱子看来，人的私欲指的是违背道德原则的欲念，而非指人的正常生理欲望。自强不息就是将自己天生的德性应用到每天的日常生活中，防止私欲损害它，那么德性就像天体运行一样日复一日永无休止。现实生活中也一样，"勿以恶小而为之，勿以善小而不为"，如果将德性作为习惯，不用恶念去损害它，那么善行就会自然而然发显出来，像吃饭喝水一样自然，即使很小的善举也能产生大的影响；但是若以私欲去干扰它，那么即使很小的恶行，日积月累也会产生恶果。

天行九十余万里，天之行健可知，故君子法之以自强不息云。因言天之气运转不息，故阁得地在中间，余未达。先生曰：如弄椀珠底〔1〕，只恁运转不住，故在空中不坠，少有息则坠矣。○董铢〔2〕录

天惟健，故不息。不可把不息做健，使天有一顷之息，则地必陷，人必跌死。惟其不息，故局得地在中间。○黄显子录

天运不息，君子以自强不息。先生曰：非是说天运不息，自家去赶逐也要学他，如此不息，只是常存得此心，则天理常行，而周流不息矣。又曰：一日一时，顷刻之间，其运未尝息也。○吕辉录

——南宋·朱鉴〔3〕《文公易说》

注释

〔1〕弄椀珠底：古杂技。犹今舞碟弄碗之戏。

〔2〕董铢（1152—?）：南宋学者，字叔重，学者称盘涧先生，饶州德兴（今属江西）人。早年随程洵学习，后受业于朱熹。

〔3〕朱鉴：朱熹之嫡长孙。

译文

天体每天运行九十多万里，由此可见天体运行的刚健，所以君子效法（天体运行）应该做到奋发向上不停息。因为天上的气体流转不息，所以地悬挂于中间不坠落。对此我没有理解。先生(朱熹)解释说："就像杂耍表演转碗底一样，只要这样顶着一直运转不停下，（才能）在空中不坠落，稍有休息（碗）就落下来了。"(董铢录)

天因为刚健所以不止息。（但是）不可以把不止息当作刚健，假使天有一刻停息，那么必然造成地面凹陷，地上的人都会跌落至死。天不停息，便限制了地在中间。（黄显子录）

天体运行不停息，因此君子（效法天）应该做到自强奋进而行不止息。朱子说："不是说天体运行不息，我们也就要去追逐这一点，学它这样运转不停歇。只要常常谨存这份不息的心，那么天理就会常常运行，周转流通不停息了。"朱子又说："即使在一天一刻，片刻之间，它的运行都不曾停止过。"（吕辉录）

解析

天地人层次分明正是因为天的刚健不止息，使得天永远保持在最上面，使得地悬浮于空中。一旦天体运行有所停息，就会导致地面凹陷，人们受难。这让人想到一句民间俗语："天塌了有个子高的顶着。"这要求"个子高"的人承担起自己的责任。在其位谋其政，每个人都需要尽到自己该尽的责任，负责好与自己职责相关的事情，拥有更大权力的人更加应该做好这一点，对其他人负责。这种责任的承担不能有一丝一毫的松懈，如若有片刻的停止就有可能造成无法挽回的后果。

中国的法医学之父宋慈一生断案无数，为死者伸张正义，探明案情真相，著有《洗冤集录》，深受人们称赞。在著名的影视作品《大宋提刑官》中，宋慈之父宋巩因断错案而自杀(改编，历史可考，宋巩病故)。可见若宋慈断案生涯中有片刻疏忽，只要有一处判断错误，便可能出现冤假错案，那他也就不再被人称颂。

问：天运不息，"君子以自强不息"。曰：非是说天运不息，自家去赶逐，也要学他如此不息。只是常存得此心〔1〕，则天理〔2〕常行，而周流不息矣。又曰：天运不息，非特四时为然；虽一日一时，顷刻之间，其运未尝息也。

——南宋·黎靖德〔3〕《朱子语类》

注释

〔1〕此心：即自强不息之心。

〔2〕天理：程朱理学家思想的核心概念，程颢言："吾学虽有所受，'天理'二字却是自家体贴出来。"与人欲相对，最早出现在《礼记·乐记》"人化物也者，灭天理而穷人欲也"。

〔3〕黎靖德：南宋后期人，生卒年不详，永嘉县（今属浙江）人。其编辑的《朱子语类》以李道传编辑的池州刊《朱子语录》、李性传编辑的饶州刊《朱子语续录》、蔡抗编辑的饶州刊《朱子语后录》、黄士毅编辑的眉州刊《朱子语类》、王似编辑的徽州刊《朱子语续类》为蓝本，共一百四十卷，是今天朱子语录版本系列中保留最完整、流传最广的《语类大全》。

译文

有人问："天体运行不息，所以君子也要自强不息。"朱子说："不是说因为天体运行不息，所以我们也要去追逐这一点，学它这样运转不停歇。只要常常谨存这份不息的心，那么天理就会常常运行，周转流通不停息了。"朱子又说："天体运行不停止，不是特指四季不停歇；即使是在一天一刻，片刻之间，它的运行都不曾停止过。"

朱子指出，效法天体运行不息并非是要求人行为上每时每刻的不停息，而是要保持住不息的心，如此一来天理自然而然流转不停息，这种不停息也并非特指某段时间不停息，而是时刻不停息。朱子所说的这段话十分诚恳现实，要人们时刻做到奋发向上不休息不可能实现，而时刻保持向上的心却是可行的。

在"女校长拒绝全职太太的捐款"事件登上热搜后，张桂梅校长进入公众视野，她的事迹也被人们所熟知。张桂梅在山区扎根二十多年，帮助一千多名贫困女孩走出大山，走进大学。她的学生们在大学毕业后大多也投入公益事业中，她的精神被不断传播开来，感染着更多的人。张桂梅的奋发向上之心能时刻保持，并传递给学生们，正是所谓"天理常行，周流不息"。

自强不息　厚德载物

乾之所以为天者，天行健也。四时行焉，万物生焉〔1〕，运而无息，岂非健乎？君子体之自强不息，则天之道也。

——南宋·林栗〔2〕《周易经传集解》

▌注释▐

〔1〕四时：即春夏秋冬四季。行：运行变化。四时行焉，万物生焉，运而无息：这三者都是天体运行的表现。《论语·阳货》中"天何言哉？四时行焉，百物生焉。天何言哉？"亦强调四时变化、万物生长皆是天意。

〔2〕林栗：字黄中，亦字宽夫，福州福清人。绍兴十二年（1142年）进士，南宋大臣，与朱熹为同时代人物。

▌译文▐

乾卦之所以取象于天，是因为天体运行刚健。四季不断更替，万物蓬勃生长，运行无休止，这难道不是刚健吗？君子效法乾道做到奋发图强，永不止息，就是乾天运行的真理。

▌解析▐

乾卦的卦象是天，天的特性是刚健，表明的是兴盛充沛的力量，正如四季交替，万物蓬勃向上生长，它赋予了人类生命、使得万物丛生，因此人需要遵循天道，在现实生活中做到自强不息。

著名作家史铁生在二十一岁时因病双腿瘫痪，整个人生跌入低谷，就像《我与地坛》中所写的"园子荒芜冷落得如同一片野地"一样，他的生命已经充满了衰败的气息。但是生命往往如此脆弱又饱含坚韧，他在母亲去世后的迷茫之际想到了写作，寻找到人生方向，从此走上了三十年的写作生涯。充沛的力量冲淡了腐朽的气息，再一次从他的身体中焕发出来，让他撑过后来更加严重的病痛——肾病、尿毒症和日日夜夜折磨人的透析。由此可见，自强不息正是"天之道"，是我们每个人在人生困境中需要践行的态度和真理。

自强不息体天行之健也。李子思曰：天积阳气[1]而成者也，君子以之充元气[2]以自强，故能不息。游定夫[3]曰：至诚无息，天行健也，未能无息而能不息者，君子自强也。杨廷秀[4]曰：天行健，"诚者，天之道也"；自强不息，"诚之者，人之道也"。

——南宋·冯椅[5]《厚斋易学》

注释

〔1〕阳气：太极分而有阴阳二气，阳气上升为天，阴气下沉为地。

〔2〕元气：指人的精神，精气。

〔3〕游定夫：即游酢（1053—1123），字定夫，号广平，又称廌山先生。建州建阳（建阳麻沙镇长坪村）人。北宋书法家、理学家，程颐曾称赞"其资可以进道"。著有《中庸义》《易说》《诗二南义》《论语·孟子杂解》《文集》各一卷。

〔4〕杨廷秀：即杨万里，字廷秀，号诚斋，自号诚斋野客。吉州吉水（今江西省吉水县黄桥乡湴塘村）人。南宋文学家、官员，与陆游、尤袤、范成大并称为南宋"中兴四大诗人"，且其精通易学，著有《诚斋易传》二十卷。

〔5〕冯椅（1140—1227）：字仪之（奇之），号厚斋先生，南康都昌（今江西省都昌县）人。南宋著名教育家、理学家。淳熙年间，曾从朱熹讲学。著有《易、诗、书、孟、太极图西铭辑说》《孔门弟子传》等二百余卷。

（人做到）奋发向上不停息方能体会天体运行的刚健。李子思说："天是阳气累积而形成的，君子做到奋发向上使阳气充实（自身）元气，所以能够做到不停息。"游酢说："极致的真诚是不停息的，天体运行是刚健的，虽无法做到不停息但是能够坚持不松懈，（这就是）君子奋发图强吧。"杨万里说："天体运行刚健，表现出了天道之诚；（人）积极向上不松懈则是人道追求诚的表现。"

| 解析 |

从中医的角度来看，人体的阳气有一部分是禀于先天，称为元气，它是人身的原始动力，也为人体的生理机能提供能量，无所不在、无时不有。正因为它在人体中的重要作用，我们需要养护阳气以使其生生不息。具体如何养护？答曰："君子以之充元气以自强，故能不息。"自强不息不仅是人们追求天道、法天之刚健需要做到的，同时也是做人的规则，从养生角度上来看还是保护阳气的良方。

明朝著名官员袁了凡年少时在慈云寺遇到一老者（著名易学家杨向春），此人将袁了凡的一生都事无巨细地预测了一番。巧合的是，此后的二十年，袁了凡的经历真的按照预测精准应验了，这让他笃信了宿命论，从此丧失上进心。直到他遇到云谷禅师，才终于相信人的命运掌握在自己的手中，而不是听天由命。从此，袁了凡的人生观念发生了根本改变，积极修德立业、改过向善，从不止息，而原本的预测在他的奋发努力后也完全改变了，就连寿命也延长至七十四岁而终。袁了凡的人生经历告诉我们，自强不息才是"人之道"。

自强不息　厚德载物

天者，乾之象，天气运乎上〔1〕。故曰：行健者，乾之德。乾乾相继，运而不息，行健之象也。"君子以自强不息"取"健"之义也。

——南宋·蔡渊〔2〕《周易卦爻经传训解》

注释

〔1〕天气运乎上：《系辞》"易有太极，生有两仪"，两仪即阴阳二气，阳气上升为天，阴气下沉为地。

〔2〕蔡渊（1156—1236）：南宋理学家、教育家，字伯静，号节斋，建州建阳（今属福建）人，蔡元定长子。内师其父，外师朱熹，先后在朱熹的武夷精舍、建阳沧州精舍从学。著有《周易训解》《易象意言》《卦爻词旨》《古易协韵》《大传易说》《象数余论》《四书思问》等。

译文

天是乾卦的取象，乾天阳气向上运行。所以说运行刚健是乾卦的品德。两个乾卦组合在一起，（天体）运行不停止，这就是刚健所表现出来的景象。"君子要奋发进取永不停息"就是取象于乾天的刚健之德。

解析

天是乾卦的取象之一，其中蕴含的阳气是向上走的，因此乾卦也表现为积极向上、带有正能量、刚强的。乾卦由上卦乾和下卦乾组合在一起，天体运行永不止息，这都是刚健之德的表现。而君子要效法之，就要做到自强不息。《道德经》中有句话"刚者易折"，这也是几千年来人们都认可的智慧，自强不息固然是刚健之德，需要人们直面压力、积极向上，但还须具备一定的柔韧性，否则超压就会容易折断。

　　一代枭雄项羽，他的权威、义气、自强不息不容置疑，最后却落得垓下战败、自刎乌江的结局。因此，现实中，君子要实现自强不息并非一味谋求每时每刻的奋斗，过于激进反而容易折戟，而一张一弛、温润沉稳、进退有度才更加符合君子之貌，同时为人也不可倨傲自满，以变通来增加刚健中的韧性，才能做到奋发向上且永不停止。这也就是《中庸》所言"南方之强"与"北方之强"的完美融合。

问："健足以形容乾否？"曰："可。伊川曰：'健而无息谓之乾。'盖自人而言，固有一时之健，有一日之健，惟无息乃天之德。"

——南宋·真德秀〔1〕《西山读书记》

注释

〔1〕真德秀（1178—1235）：本姓慎，因避孝宗讳改姓真，始字实夫，后更字景元，又更为希元，号西山，福建路建宁府浦城县（今福建省浦城县仙阳镇）人。南宋后期理学家、名臣，早年受教于朱熹弟子詹体仁，学者称其为"西山先生"。著有《西山文集》。

译文

有人问："刚健足以用来形容天吗？"回答说："足够了。伊川说：'刚健并且无所止息就是天。'从人的角度说，固然有片刻的刚健、一天的刚健，但是只有永远刚健才是天的品德。"

解析

天和人的区别在于永远刚健和一时刚健，人固然做不到天之德那般"无息"，但也不必妄自菲薄。人作为"得其秀而最灵"者，拥有天所不具有的主观能动性。科学巨人霍金因患病瘫痪在轮椅上长达50年之久，他不能书写、口齿不清，却身残志坚，克服了残疾努力解开宇宙之谜；三国时期的孙权出生在将门世家，但是他并未沾染纨绔子弟的习气，而是征战沙场，建立吴国；"舜发于畎亩之中，傅说举于版筑之间，胶鬲举于鱼盐之中，管夷吾举于士，孙叔敖举于海，百里奚举于市"。可见在不同的环境下，人们可以视情况而采取不同的刚健之法，这正是人主观能动性发挥之处。同时人的身体构造注定了其不仅不能像天一样运行不息，甚至还需要足够的休息养精蓄锐。于人事上，一张一弛才是正确的奋斗之道。所以，我们效法乾阳之道，并不是一味地强调行为上的不停歇，而是要常存自强不息之心，有如此心意方能不断乾乾向上。

天行一日一周，周而复始，健之至也。卦本三奇〔1〕，重三为六，变动存焉，是之谓行。君子法之，自强即天行也，不息即健也。

——南宋·赵以夫〔2〕《易通》

注释

〔1〕《系辞下》"阳卦奇，阴卦偶"，乾卦为纯阳之卦，由三个阳爻组成。

〔2〕赵以夫（1189—1256）：字用父，号虚斋，自称芝山老人，福建省福州府长乐县（今福建省福州市长乐区）人。今存其著作《易通》六卷，《虚斋乐府》二卷。

译文

天体运行一天为一周，一次次的循环，这就是达到刚健的表现。乾卦本来是三个阳爻，两个三爻的单卦相重成为六爻卦，也就是从三个阳爻变成了六个阳爻，这其中存在变化运动的过程，也就是所谓的运行。君子效法此种天体运行，自发奋进向上永不停止，也就是乾天的刚健之德。

解析

乾卦是易经八卦之一，也是六十四卦之一。八卦是三爻卦，乾卦由三个阳爻构成；六十四卦是六爻卦，乾卦由六个阳爻构成。孔子讲："因而重之。"（《周易·系辞传下》）八卦两两结合后才能构成一个格局，以便使用。众所周知，乾卦代表了天，天体终日运行没有停歇代表了天的刚健；乾卦由三爻卦变为六爻卦，其中的变化代表了天的运行。乾卦有六个阳爻，整体的氛围是奋发向上的，因此君子要效法之。发愤图强、改变现状就是效法天的运行，不停歇就是效法天的刚健。

至健莫如乾，周天三百六十五度四分度之一，一日而一周，非健则息矣。君子体此自强不息，所以法天行之健。然天道无息〔1〕，惟圣人然后能配天，必如尧之广运〔2〕，舜之由行〔3〕，文王之纯亦不已〔4〕，乃无息地位，学者未敢言无息，且自不息〔5〕入，故由不息以至无息，自强又不息之功也。

——南宋·李过〔6〕《西溪易说》

注释

〔1〕无息：永无止息，是为天体的运行状态，强调没有什么力量使天体的运行开始或停止，是自然而然不停息的过程。

〔2〕广运：原指土地面积广袤。此处代指尧的勤政为民。山西尧庙的主殿为广运殿，又称尧殿，是帝尧召见群臣的殿堂。

〔3〕由行：依其道而行，《尚书·尧典》言舜"瞽子，父顽，母嚚，象傲；克谐以孝，烝烝乂，不格奸"。

〔4〕文王之纯亦不已：指周文王纯粹之品德没有止息。参见《中庸》第二十六章"'于乎不显，文王之德之纯。'盖曰，文王之所以为文也。纯亦不已"。

〔5〕不息：坚持不懈，是为君子效法乾天之道的状态。君子之道稍一松懈就会停滞，要想效法天道就必须发挥主观能动性勉力前行。

〔6〕李过：字季辨，兴化军（今福建省莆田市）人。南宋人，撰《西溪易说》十二卷。

译文

没有比天更加刚健的了，一周天是三百六十五又四分之一度，一天就是天体运行一周，如果没有刚健的品格做支撑，（天体的运行早就）停止了。君子体察到这一点而做到奋发图强永不停息，（实际上就）是效法天体运行的刚健。天道运行悄无声息、无有止息，只有与天同体的圣人才能够做到这样。如尧那样勤劳处理政务、如舜那样圣心与仁义合一、如文王一般品德纯净透彻，皆属与天一般的无息状态。一般学者不敢说能够直接达到"无息"的状态，姑且从坚持不松懈入手，从不松懈才能（逐渐）到达无息境界。奋发图强又是达到坚持不懈、永不停息的功夫，不息是自强的结果。

解析

　　唯有圣人能"与天地合其德"，所以圣人之性是完全禀受于天而不掺有任何杂质的，也就是说只有圣人能够完全做到如乾天那般刚健有力的运转无息。而一般人虽没有圣人那般纯粹的禀赋，但是也能够通过自强不息来效法乾天之道。"不息"听上去仿佛要比"无息"容易得多，但是在实际生活中甚至许多意志力坚强的科学家也很难做到。

　　众所周知，贝尔是电话的发明者，而在贝尔之前，科学家莱斯就曾研制过一种传声装置，这种装置能够用电流来传送音乐，但是不能用来传送语音，关键原因是这种装置里的一颗螺丝钉往里少拧了 1/2 圈。贝尔在莱斯装置的基础上，除了改善其他原因外，他将莱斯疏忽的那颗螺丝钉往里拧了 1/2 圈，于是不能通话的莱斯装置变成了实用的电话机。莱斯距离成功不过临门一脚，他自己也曾感慨道："我在离成功 5 丝米的地方灰心了，我没能坚持下去，我将终生记住这个教训。"可见，即使是心性过人的科学工作者都难以做到时时刻刻不松懈，那我们普通人更要时刻警惕不放松，把奋发图强、坚持不懈作为终生奋斗的目标。

　　天所以运行者在乎乾，乾不可见，可见者其刚健之德也。君子之法乾亦法其刚健而已，故自强不息。自强不息者，至诚尽性〔1〕之学也。《中庸》曰："至诚无息，不息则久。"久而至于博厚配地，高明配天，悠久无疆。夫悠久无疆非刚健之德，其孰能之哉？

——宋·李杞〔2〕《用易详解》

注释

　　〔1〕至诚尽性：语出《中庸》第二十章"唯天下至诚，为能尽其性；能尽其性，则能尽人之性；能尽人之性，则能尽物之性；能尽物之性，则可以赞天地之化育；可以赞天地之化育，则可以与天地参矣"。

　　〔2〕李杞：字子才，号谦斋，眉山人。著有《用易详解》。

译文

　　天体之所以能够运行在于乾阳之意，乾阳虽不能被肉眼所看见，但是能够看到它表现出来的刚劲强健的品德。君子效法乾也就是效法它刚健的品德，所以君子应该自强不息。自强不息是一门追求至诚、发挥自身本性的学问。《中庸》说至诚是没有止息的，没有止息就会长久下去，如此长久（人的品德就会）达到像大地一样广博深厚，广博深厚了之后就会达到像天一样高明的境界，（以至于）像没有疆土没有边界一般至高至久，（达到了）悠久无疆的境界却不具备刚健的品德，这怎么可能呢？

至诚尽性是中庸之道的重要原则，而自强不息实际上是追求至诚尽性的学问。只有坚持至诚的原则，才能充分发挥人善良的天性。人的善良本性是永不停止的，时间久了它就会慢慢显露出来，只要长久保持下去，人的品德也就更加宽厚。进一步发挥人的善良天性、感化他人、进而发挥万物的善良天性，也就逐渐达到至仁至善的境界，可以同天地并列，这是悠远无疆的理想境界，而达到了这一理想境界也就具备了刚健的品德。

孟子强调善是人之为人的根本依据，这无疑给中华民族涂上了文化底色，也使得整个国家在大是大非面前永远保持善良的姿态。从 2008 年的汶川大地震，2020 年的新冠肺炎疫情再到 2021 年的河南洪涝灾害，各省人民无一不伸出援助之手，人的善良本性是不会消失的，它可能日常掩埋在生活琐碎的利益中，但是只要触到开关，它就立刻弹出来。我们能够做的是将它长久保持下去，修养自身品德，传播善良之事，那么我们已经走在通向"刚健"境界的道路上了。

自强不息　厚德载物

君子者体乾修德之人，力之强者行地远，志之强者行道远，然必自强，而后其行不息。苟〔1〕待人勉强〔2〕，则有时而息矣。

——南宋·赵汝楳〔3〕《周易辑闻》

注释

〔1〕苟：如果，假使，连词。

〔2〕勉强：能力不足还尽力去做。

〔3〕赵汝楳：南宋宗室，太宗八世孙，明州鄞县（今浙江宁波）人。理宗宝庆二年（1226）进士。其父赵善湘精通易学，赵汝楳继承其家学，尤为精通易象卦变。著有《周易辑闻》《易雅》《筮宗》。

译文

君子是体悟天命修身立德的人，能力强劲的人（能够）走到很远的地方，志向远大的人（能够）在目标道路上坚持走下去，但是（二者）都必然要求自我勉励，奋发图强，然后不停息地行动下去。如果能力不足勉力而为，有的时候就会停息。

解析

目标是引领我们前进的动力，自身的能力是决定我们走多远的支撑，二者都需要我们努力才能获得。周恩来尚在年幼时就有"为中华崛起而读书"的志向，毛泽东在童年离乡之际就立下了"埋骨何须桑梓地，人生无处不青山"的救国之志。可见立志须高远，一个人一生的成就一定与他的志向有关，正如苏东坡所说，"古之立大事者，不惟有超世之才，亦必有坚忍不拔之志。"除此之外，只有脚踏实地，提升自身实力，才能够沿着目标志向走下去。

　　而现在有些年轻人陷入"拔剑四顾心茫然"的迷茫，理想逐渐消融于丰富的物质、碎片的信息、多元的价值观以及沉重的房价压力中，但我们要相信"长风破浪会有时，直挂云帆济沧海"，与其暮气沉沉、迷茫不清，不如脚踏实地提升自身能力，奋发图强，在征途中不断寻找合适的目标。

自强不息　厚德载物

以天度言之，三百六十五度四分度之一，一日周天，而又过一度〔1〕。今日周矣，而明日又周，此健之不息。君子观天之行健，而自强若此，与天同其健矣。

——南宋·丁易东〔2〕《易象义》

注释

〔1〕参见《史记索隐》"夫周天三百六十五度四分度之一，是天度数也"。天度：一周天的度数，古代天文学划分周天区域的单位。古代的"度"并非指的弧度，古人认为太阳运行一周就是一年，一年大约是 365.25 天，以每天太阳运行的距离作为一度，那么天度数自然就是 365.25 度。

〔2〕丁易东：字汉臣，号石坛，南宋末经学家，武陵郡龙阳（湖南常德）人。

译文

用天的标准来说，（天度数）是三百六十五又四分之一度，过一整天就是过了一度。今天是一个整天，明天又是一个整天，这种（循环）景象就是刚健不停止的。君子观察天体运行的刚健，并且自己也能像天体运行一样奋发自强，那么和天的刚健也就相同了。

解析

在这里用"天度数"来说明天体（太阳）的运行每时每刻都在进行，全年无停止，表现出刚健不息之态，君子如果能够奋发向上每日不停歇，那么和天体的刚健也就没有差别了。这放在现实生活中也很容易理解，除了焦裕禄、黄大年等一些耳熟能详的奋斗楷模外，每个我们身边小有成就的人都在努力奋发向上。不仅人生事业上如此，在对德行的追求上也是如此，为善之人不能只为善几天便间断，必得日日为善，永不止息。《大学》言："苟日新，日日新，又日新。"只有不断坚持，才能够做到历久弥新，才能够达到至善之境。

胡氏曰：六十四卦象辞皆着一"以"字，盖以明其用易也。自与《晋》"自昭明德"〔1〕之"自"同，用功在我，非由乎人也。强者发于一念之烈也，不息者不间断也。自强象乾之健，不息象乾而又乾。夫圣人与天为徒〔2〕，则至诚无息。今不言无息，而言不息，何也？曰："诚者，天之道也"，圣人之无息是也；"诚之者，人之道也"，君子之自强不息是也。

——南宋·俞琰〔3〕《周易集说》

注释

〔1〕参见《晋·大象》"明出地上，晋。君子以自昭明德"。

〔2〕徒：同一类人或事。

〔3〕俞琰：宋末元初道教学者，其生卒年各家说法不一，现尚难考定。字玉吾，号全阳子、林屋山人、石涧道人。吴郡（今江苏苏州）人。自幼承其家学，刻苦研《易》，著有《周易集说》《易图纂要》《周易参同契发挥》《易外别传》《阴符经注》等。

译文

胡瑗说：六十四卦的大象辞中都有"以"字，是为了让人明了《易》的用处。"自"字与晋卦"自觉展现高尚的品德"里的"自"相同，意思是指用功在我，而不在其他人。自强从强烈的意念中发起，不止息不间断。自强的景象代表了天的刚健，永不止息的景象代表了天的至健。圣人和天为同类，因此他的德行极其诚恳不停息。现下就人事而言不谈永不止息，而是讲坚持不懈，这是为什么呢？回答说：诚是天的规则，圣人永不止息就是这样（的表现）。追求诚是做人的准则，君子做到奋发图强不松懈就是这样（的表现）。

┃解析┃

　　"诚"是天道的规则，唯有圣人才能做到；"诚之"是做人的准则，是君子可以追求实现的。而君子要想实现"诚之"，就必须做到自强不息。自强应该是发自内心存有积极向上的念头，而非外部的压迫使其不得不自强，也就是《大学》所讲的"诚其意"。无息是圣人才能够做到的，君子效法天道，虽不能如圣人那般无息，但竭尽所能亦能做到不息（不松懈）。若非一个人真正心存善念、自觉提高道德修养，那他如何能够做到时时刻刻不松懈地行善？这样的践履强调自己的亲身实践。

　　就像我国开展的精准扶贫行动，扶贫先扶志，如果不是贫困户、贫困村自己主动摘帽，只靠国家补给，他们即使能够在国家政策支持下短暂摆脱贫困生活，也将很难实现"脱贫不返贫"。

自强不息　厚德载物

自强能如重乾〔1〕之健，则能不息也。自强谓内有所主中立不倚，不息谓终始如一不须臾离也。

——元·吴澄〔2〕《易纂言》

注释

〔1〕重乾：即两个三爻乾卦相叠而成六爻乾卦，取其运行周而复始生生不息之意。

〔2〕吴澄（1249—1333）：字幼清，晚字伯清，临川郡崇仁县（今江西省乐安县鳌溪镇咸口村）人。元朝大儒，杰出的理学家、经学家、教育家，与许衡齐名，并称"北许南吴"。著有《五经纂言》《易纂言外翼》《仪礼逸经传》《孝经定本》《道德真经注》等。

译文

奋发图强能够做到像乾天之刚健的程度，那么就不会止息了。自强说的是内心有所主导，能够（在此主导下）做到客观中立不偏不倚，不息说的是始终坚持不松懈一刻也不偏离。

解析

重乾就是乾而又乾，它指的是乾卦由两个三画的乾（经卦）组成，其性质为纯阳至健，指向最为刚健的天。自强若能做到天之刚健的程度便能够不息。结合现实来看，自强就是人们心中的标准；不息则是片刻不离的坚持，自强不息就是在坚定的方向指引下坚持下去。说着容易做起难，生活中普遍感受的是失败而非成功，失败之时怀疑自己的方向更是我们普遍的心态，那么是否在失败时继续坚持方向、能否在失败时及时调整方向就显得至关重要。

　　比如伟大的发明家爱迪生，曾为一项发明做了八千次失败的实验，但是他并不认为这是浪费精力，而是每每从失败中吸取教训，总结经验，继续坚持实验，最终取得成功。比如唯理论和经验论争论了几个世纪，直到康德才掉转方向，将知识与对象的关系颠倒，实现了西方哲学史上"哥白尼式"的革命。可见，在现实中成功并不是失败的积累，而是对失败的总结与超越；坚持内心的方向并不是不撞南墙不死心的倔强，而是在坚守内心标准下不断修正目标的导向。因此我们应该坚持不懈，将失败作为调整人生方向的指南，在人生道路上做到真正的自强不息。

自强不息　厚德载物

所谓自强不息者，其至则圣人〔1〕也，而未至则贤者〔2〕也。盖自强者圣贤之所同，而不息者圣人之所独。是故不能自强者，常人也；能自强而不能不息者，贤人也；能自强而又能不息者，圣人也。圣人之自强即天之健也，圣人之不息即健之行也。天唯健故不息，圣人唯自强故不息。人之于天虽小大之异，而其道一也。君子者能法天之健而自强，则人而〔3〕天矣。

——元·梁寅〔4〕《周易参义》

注释

〔1〕圣人：即儒家追求的最高道德境界。孔子曾言："圣人，吾不得而见之矣。"（《论语·述而》）可见圣人之境界难以达到。而圣人境界实际上就是宋明理学家强调的"万物一体"，王阳明即有言："圣人与天地民物同体。"

〔2〕贤者：仅次于圣人的道德境界。参见《大戴礼记·哀公问五义第四十》"所谓贤人者，好恶与民同情，取舍与民同统；行中矩绳，而不伤于本；言足法于天下，而不害于其身；躬为匹夫而愿富贵，为诸侯而无财。如此，则可谓贤人矣"。

〔3〕而：如同。

〔4〕梁寅（1303—1389）：字孟敬，新喻（今江西省新余市下村镇）人。明初学者，晚年结庐石门山，四方士多从学，称其为"梁五经"，又称石门先生，著有《礼书演义》《周易参义》《石门集》等。

译文

所谓的奋发图强永远不停息，能够做到这个程度的是圣人，做不到的则是贤者。奋发图强是圣人贤者都能做到的，而永不停息却是圣人所独有的。因此一般人难以做到自强，贤人能够自强却不能做到不息，唯有圣人才是既自强又不息的人。圣人奋发图强的品德就是天的刚健之德，圣人永不停息的行为就是天体刚健的运行。天因（有）刚健（之德）所以能够永不止息，圣人唯有奋发图强方才不停息。人和天二者对比虽然有些许差异，但是他们的道是相通的。如果君子能够效法天的刚健之德做到奋发图强（的话），那么人也就像天一样了。

解析

"士希贤，贤希圣，圣希天"是理学开山鼻祖周敦颐提出的人格理想，他认为读书人应该把成圣成贤作为一生的理想。很明显这种理想追求是有层次的，"士希贤"最起码需要做到自我勉力、努力向上，提高自身的才能和品德修养，这种要求一般人通过努力就能达成，也就是所谓"自强"；"贤希圣"则在自强的基础上，还须做到永不停止，方可为圣人。显然易见，圣人境界是常人难以企及的。虽然常人难以达到圣人之境，但不代表不能孜孜追求。圣人之道即是天道。那么君子应该如何追求天道？答曰：法天之健而自强矣。虽然天人有别，但天之道与人之道相通，君子只要效法天刚健的品德、奋发图强，那么自然能够与天合德。具体到现实来看，用濂溪先生的话说，君子就是要"志伊尹之所志，学颜子之所学"。前者指明要学习伊尹的宽厚胸怀和忠于国家人民的志向，后者指明要学习颜渊的勤奋好学和自我修养的精神追求。这也是千百年来无数仁人志士所努力追求的，如此自强必然能够法天之健了。

深居冯氏〔1〕曰：法乾〔2〕以自强，法重乾〔3〕以不息，则是人皆可以用健而自几〔4〕于天德也。

愚案：人一呼一吸谓之一息，则天之一昼一夜亦可谓之一息，人身小天地也，观之潮汐可见天之呼吸也。天之行也，十二万九千六百年〔5〕上不知其何所始，下不知其何所终也，天之健行如是哉。君子体之以进德修业，无有一息之间断，此其所以能参天地并立而为三才也与。〔6〕

——元·熊良辅〔7〕《周易本义集成》

注释

〔1〕深居冯氏：即冯去非（1188—1265），字可迁，号深居翁，南康军都昌（今江西省都昌县）人。南宋著名理学家、教育家，是南宋朱子门人、理学名家冯椅的长子，曾在白鹿洞书院讲学多年，创办"去非书舍"，教授弟子众多，著述颇丰。

〔2〕乾：即三画乾卦，其卦象为天。

〔3〕重乾：即六画乾卦，由两个三画乾卦重叠而成，两天相叠有生生不息之意。

〔4〕几：接近。

〔5〕十二万九千六百年：语出邵雍《皇极经世》"盖闻天地之数，有十二万九千六百岁为一元"。邵雍认为天地的运行以十二万九千六百年为生命周期。

〔6〕三才：即天、地、人。参见《中庸》第二十二章"唯天下至诚，为能尽其性；能尽其性，则能尽人之性；能尽人之性，则能尽物之性；能尽物之性，则可以赞天地之化育；可以赞天地之化育，则可

以与天地参矣"。

〔7〕熊良辅（1310—1380）：字任重，号梅边居士，南昌人。元朝文学家，且精通易经。著有《小学入门》《风雅遗音》《周易本义集成》等书。

译文

冯去非说："人效法天来奋发图强，效法重乾来做到永不止息，那么能够做到这样的人都能利用刚健之德来使得自己接近天的品德了。"

熊良辅案：人的一呼气一吸气称为一息，那么天的一白天一夜晚也可以称为一息，人的身体是一个小天地，通过观察（人身体的）潮汐（现象）就可以了解天的呼吸。天的运行时间，已知的就有十二万九千六百年之久，再往前也不知道是什么时候开始的，同时也不知道往后什么时候会终止，天的运行刚健应该就是这样。君子正是体悟到这一点，从而提高道德修养，扩大功业建树，其间没有一刻间断，这就是君子能够与天地并立为三才的原因。

解析

《黄帝内经·素问·宝命全形论》中曾谈及天地与人体的关系："天覆地载，万物悉备，莫贵于人，人以天地之气生，四时之法成。"天地间的万物没有比人更加尊贵的了，人需要依靠天地之气生存，适应四季变化规律而成长，这实际上反映出"天人相应"的思想观念。通过观察人的身体变化可以进一步了解天。天的运行久远，不知其始终，这反映的是天行刚健的品德。人要效仿天刚健的品德，积极践行这一点。朱子在《中庸章句》中写道："与天地参，谓与天地并立为三也。"只要君子的德行高尚到足以与天地并列，那么就能够与天地并列为三了，而要实现这一点，就要做到"进德修业，无有一息之间断"。

乾，天也，上下皆乾，天行之健也。君子法之，以人心本健原自不息，专责其功于自纯乎，理而不间，以欲粹其功而不即于懈，则精一〔1〕缉熙〔2〕与天合德矣。

——元·赵汸〔3〕《周易文诠》

注释

〔1〕精一：精纯。参见《尚书·大禹谟》"人心惟危，道心惟微，惟精惟一，允执厥中"。

〔2〕缉熙：光明。参见《诗·大雅·文王》"穆穆文王，于缉熙敬止"。《毛诗传》注："缉熙，光明也。"

〔3〕赵汸（1319—1369）：字子常，休宁（今安徽省黄山市休宁县）人。师从黄泽，受易象春秋之学。后隐居著书，于东山精舍侍奉其母，故又称东山先生。著有《东山存稿》七卷，《周易文诠》四卷。

译文

乾为天，上下卦都由乾卦组成，象征着天体运行刚健强劲的特性。君子应该效法天体的运行，因为人心本来刚健，原本就一刻都不停息，君子应该专门致力于使自身德行纯粹，（在这个过程中）管理（自身品德）的行为从不间断。想要让（自身的）功德更加精粹而不走向懈怠，君子的功德就会精纯光辉到和天的品德相匹配。

解析

乾卦由两个三画的经卦（乾卦）组成，其性质为纯阳至健，因此天体的运行是刚健不息的。君子要效仿天行的刚健之德，如何实行？人心本就刚健不已，只要追求自身品德达到纯粹光辉的境界，在如此品德的指引下，由人心发出的德行也就高尚且永不止息，实现了天的刚健之德。在追求品德高尚的过程中，需要不断修身立德、时刻提醒自己，在这个过程中人才能不松懈。同时，人心本来是刚健不已的，却也藏有各种私欲贪念，所以要想追求高尚的品德，还需要克服各种杂念，让心念集中在为善这一件事情上，这也就是王阳明所强调的"精一之功"，正如《传习录》中所讲："持志如心痛。一心在痛上，岂有工夫说闲话、管闲事？"让心专注于修德之志上，便每日修身立德不停息了。

自强者体下乾之象也，不息者体上乾之象也。君子法天，非法天之行，法天之健也。天唯刚故健。夫刚者，天德之自然，健则无息之理，故君子唯自强然后能不息。蒙谓：运而无穷者，天德之刚；进而不已者，君子之学。吁！又孰能以天行之健而为君子之心哉？

——元·解蒙〔1〕《易精蕴大义》

注释

〔1〕解蒙：元代吉水（今属江西省）人。字求我，天历举人。与其兄解子尚因善《易》而闻名于时。著有《易精蕴大义》十二卷。

译文

奋发图强的人能够践行乾卦中下卦的象义，永不止息的人能够践行乾卦中上卦的象义。君子效法天不是效法天的运行，而是效法天刚健的品德。天因为刚强所以健壮，刚强是天之品德的自然表现，（因为天的）健壮所以能够（运行）没有止息，因此君子（也像天一样）只有先奋发图强了然后才能永不停息。解蒙认为，所说的天体运行没有穷尽的一天，这是天德行刚健（的表现）；积极向上永无止境是君子应该学习的。唉！又有谁能够将天体运行的刚健之德当作（自己成为）君子的心呢？

解析

六十四卦中下卦代表地，象征着大地所处的空间，上卦代表天，象征着天行运行的时间。相应地，奋发图强是所处这一空间的人当下效法乾天之刚健最需要做的事情，也是人们能够做得到的，所以说"自强者体下乾之象也"；永不止息是就时间而言，天体运行永无止息，所以说"不息者体上乾之象也"。"天唯刚故健"对应"君子唯自强然后能不息"，可见只有先脚踏实地地勤奋努力，在此基础上才能去追求永不止息的境界。

赵丽蓉坚持文艺创作五十多年，一生塑造了众多经典人物形象。据她的老搭档巩汉林回忆，赵丽蓉对剧本创作要求严格，会向邻居、同事、观众征求意见，反复修改以求达到最贴近人们生活的版本。正是有这样的精雕细琢，即使在赵丽蓉去世二十多年后的今天，她的许多经典台词仍然是中国人娱乐生活的一部分。她创作的经典作品是其一生精益求精和兢兢业业留下的宝贵财富，是其自强不息的真实写照。

杨氏曰：运行不穷之谓健，进修不息之谓强。天行健，健即诚也。自强不息，"诚之者，人之道也"。

伊川曰：乾道至大，非圣人莫能体，欲人皆可取法也，故取其行健而已。

——元·胡震、胡光大〔1〕《周易衍义》

注释

〔1〕胡震：元代经学家。其在《周易衍义·序》中自署曰"庐山深溪"，少时从学于何干举、刘均、饶鲁等诸儒之门。精通《易》学，著有《周易衍义》十六卷。

胡光大：胡震之子。胡震去世后，由胡光大继续纂集《周易衍义》一书。

译文

杨万里说："（天）运转不停就是刚健（的表现），积极向上永不止息就是强壮（的表现）。天体运行刚健，健就是诚。（做到）奋发图强不停止就是效法诚，这是做人的准则。"

程颐说："乾道涵盖抚育的景象最为庞大，不是圣人不能体会，（但是圣人）希望人们都能够体悟效法乾天之道，因此强调（乾道）运行的刚健之象。"

解析

正如《中庸》第二十章中所说"诚者，天之道也；诚之者，人之道也"，天道运行，至公无私，而人受命于天，必然追寻天道，择善求诚。刚健强劲是天最为显著的品质，追求"诚"实际上就要求人们效法天的刚健之德，具体而言就是要做到自强不息。

现实中能够做到自强不息、拥有高尚品德的人往往都会令人钦佩，2021 年考入中国人民大学的周文晴就是个很好的例子。周文晴出生两个月时因先天疾病失去视力，从八岁开始在寄宿制的盲人学校学习，在外的艰辛苦难磨砺了她的生活技能和自主自立。在当代社会，虽然科技发达，但是对视障人士的社会关怀并不充足，推拿按摩似乎是盲人的唯一出路，而周文晴却选择了更为艰辛的路程——追逐她的学业梦。经过高中三年的努力，周文晴在 2017 年被南京特殊教育师范学院应用心理学专业录取，成为一名大学生；在 2020 年参加研究生招生考试，以优异的成绩进入中国人民大学心理学系。这一路走来，周文晴付出的刻苦让人难以想象，她自强不息的精神也让身体健全却安于闲适的人有所反思，正如一些网友所说：我们已经如此幸运，又有什么理由不努力呢？

自强不息　厚德载物

自强者，刚健独运〔1〕，无少休息。盖自人而言，固有一时之健，有一日之健，惟无息乃天之健也。

——元·陈应润〔2〕《周易爻变易蕴》

注释

〔1〕独运：独立运行。天体运行不依赖任何外物。

〔2〕陈应润：台州天台人，字泽云。其家传《易》学，著有《周易爻变义蕴》。

译文

自强的人，应当是刚强健壮的独自运行而从未有些许休息。人固然有片刻的刚健或一天的刚健，但是只有永远刚健才是天的品德。

解析

自强的人需要持之以恒才能刚健不息，刚健片刻或者一天两天很容易，却难以成就大事，唯有坚定信念，坚持不懈才能如天一般刚强劲健、运行不息。从现实来看，人这一生也贵在坚持。

东晋大书法家王羲之善隶、草、楷、行各体，博采众长、自成一家，有"书圣"之称。据民间故事所说，王羲之每日都坚持练字，笔耕不辍，用坏的毛笔能堆成"笔山"，洗笔和砚台的水池也变成了"墨池"。北宋文学家曾巩就曾作《墨池记》，以王羲之"墨池"的故事来激励人们要持之以恒、孜孜不辍。《墨池记》中写道："羲之之书晚乃善，则其所能，盖亦以精力自致者，非天成也。然后世未有能及者，岂其学不如彼邪？则学固岂可以少哉！况欲深造道德者邪？"王羲之的书法出神入化，但并非天生如此，而是靠他的勤学苦练、磨穿铁砚造就的，更不用说想修身立德的人了，这些人毫无疑问更需要勤奋坚持，自强不息！

此夫子之辞〔1〕，乾之《大象》不言"乾"，而言"健"〔2〕，与诸卦不同者。乾之象大，非圣人莫能尽，故但言其行健，欲人皆可取法也。君子上下通称之，名"自强不息"，亦法其行健而已。

——元·王申子〔3〕《大易缉说》

▌注释▌

〔1〕夫子之辞：夫子即孔子，《大象传》为《易传》十翼之一，相传为孔子所作。

〔2〕不言乾，而言健：即指"天行健"。在《大象传》中，除了乾卦都言其卦名，如"地势坤""水雷屯""山水蒙"等。

〔3〕王申子：原名王申，字翼卿，号秋山，元邛州（今四川邛崃）人，生卒年不详，大约生活于南宋末年到元中后期。一生大部分时间隐居在慈利州天门山，授徒讲学，著有《大易辑说》《春秋类传》。

▌译文▌

孔子作的《易传》中，《大象传》解释乾卦不谈乾，而是说刚健。（这是因为）和其他卦不同，乾卦之取象非常宏大，若非圣人，是无法完全体悟穷尽的，所以只说它的运行刚健，是希望人们都能够从中有所收获、能够效法它。（乾卦中）的君子，是天上地下（上下卦）都通称的名词，即"自强不息"，也就是效法天运行的刚健罢了。

虽然常人难以达到圣人的境界，但是我们也可以从《周易》中学有所获，那就是效法天的刚健之德，具体而言就是要做到自强不息。同乾卦表现出来的积极向上氛围相对应，自强不息也就是要求人们在日常生活中保持不懈努力的姿态，这可以体现于良好的习惯之中。既然我们效法刚健之德，且不必与圣人比较，那么我们在最开始定目标的时候可以不用太高，从身边的小事做起，逐渐养成良好的习惯，最终能够达到永不止息的状态。

就像 2021 年河南暴雨，不是每个人都能去往前线赈灾，但可以转发求救信息、求救电话、自救指南等一些相关消息；我们可能做不到时时刻刻关注网上信息，但可以尽己所能鼓励、支持受灾群众，宣传正能量；我们可能做不到在社交平台上公开发言、与人交流，但可以做到不恶语相向、心存善念。可见，只有在习惯中提高自身的道德修养、奋发图强，才能使生命不息、获得刚健之德。

自强不息　厚德载物

孟子曰："鸡鸣而起，孜孜为善者，舜之徒也。"〔1〕亦自强不息者欤！

——元·李简〔2〕《学易记》

注释

〔1〕赞赏舜之勤奋不殆，语出《孟子·尽心上》。

〔2〕李简：字蒙斋，元朝信都（今河北衡水市冀州区）人。著有《学易记》九卷。

译文

孟子说："清晨鸡一叫就起床，坚持不懈地做善事的，是圣人舜那样的人。"也就是奋发图强不止息的那种人啊！

解析

"圣希天，贤希圣，士希贤"，虽然每日勤勉向上、坚持不懈做善事是圣人的日常行为，但我们普通人并非不能做到。在现实中就有这样的榜样——雷锋。雷锋是大家熟悉的善行榜样，雷锋精神也影响了一代又一代的中国人。雷锋家境贫寒，七岁便沦为孤儿，艰难成长。在这样的环境下他并没有自暴自弃，而是坚守工作岗位、认真负责，在日常生活中不断帮助他人、不计报酬，有句话说"雷锋出差一千里，好事做了一火车"，可见人民对他的评价。他不仅是优秀的共产主义战士，还是自强不息的榜样！仰慕英雄，学习榜样，实际上是化榜样力量为精神动力，变为己用，践行自强不息。

两乾相继，天行健之象也。君子法天行健之象而以自强不息焉，以义理胜私邪而能要之以有终也。所谓仁以为己任，死而后已〔1〕，非天下之至强，其孰能与于此？即孔子叹所未见之刚者也，为私邪所制而间隔其义理之心，则懦夫而已矣。自强不息，君子入圣之功也，勉勉循循，持之以敬畏，假之以岁月，勿忘助之不已，则与"至诚无息"之圣同归矣。

——明·杨爵〔2〕《周易辩录》

注释

〔1〕语出《论语·泰伯》"曾子曰：'士不可以不弘毅，任重而道远。仁以为己任，不亦重乎？死而后已，不亦远乎？'"

〔2〕杨爵（1493—1549）：字伯修，号斛山，陕西富平县老庙镇笃祜村人。著有《杨忠介集》十三卷、《周易辩录》四卷等。

译文

两个经卦（乾）重叠为别卦组成乾卦（重乾），是天运行刚健的表现。君子效法天运行刚健的现象从而做到奋发图强不止息，用伦理道德来克服私欲邪念从而能够坚持到底。将实现仁作为自己的责任（奋斗终身），至死方休，如果这都不是天下最为强健的，那么谁能够做到这一点呢？根据孔子感叹那些所见到的不能刚强的人，都是被自己的私欲邪念所控制而隔离了自己的伦理道德之心，不过是懦夫罢了。奋发图强不止息是君子追求圣人境界（需要做）的功业，力行不倦，带着敬畏之心去保持这一点，假如（这样）长久下去，不要忘记帮助（做到）这点不要停止，那么就和至诚无息的圣人相同了。

解析

　　乾卦的特质是刚健，若想效法刚健之德需要做到自强不息，而想实现自强不息就要用伦理道德克制自身的私欲邪念，这也反映了乾卦中的道德意蕴。

　　此处不得不提及举国震惊的彭宇案。南京小伙彭宇在扶起一摔倒在地的老人后送其至医院并代付了两百元医药费，之后老人指认彭宇为撞人者并上诉索赔。此案的争论焦点在于双方是否相撞，由于没有足够证据表明彭宇撞人，法官便根据经验以及彭宇的行为推理其为撞人者，后续引发舆论讨论。彭宇案的事实是什么已经不再重要，重要的是它对社会产生了极其恶劣的影响，各种碰瓷讹人、撞人者没有关键证据就耍无赖拒绝赔偿的案例层出不穷，据此现象创作的小品《扶不扶》也登上了春晚舞台。而"老人跌倒了扶不扶"甚至成为热点话题，相关讨论中有人支持明哲保身，有人支持热心帮扶，不管哪种声音，大家都赞同一点：扶老人有风险，需要小心。这无疑与我国传统文化中注重伦理道德、克制私欲邪念的观点相悖，如何重建崇尚道德的良好氛围是当下国家发展需要重视的难题。无论社会风气如何，从我们个人来讲，修行己身、自强不息是我们对自身的道德要求。

自强者，一念一事莫非天德之刚也。息者，间以人欲也。天理周流，人欲退听〔1〕，故自强不息。若少有一毫阴柔之私以间之，则息矣。强与息反，如公与私反，自强不息犹云至公无私。天行健者，在天之乾也；自强不息者，在我之乾也。上句以卦言，下句以人言，诸卦仿此。〔2〕

——明·来知德〔3〕《周易集注》

注释

〔1〕退听：退让顺从。

〔2〕此一句是对《大象传》结构的解析。

〔3〕来知德（1525—1604）：明代理学家、易学家。字矣鲜，别号瞿塘，明夔州府梁山县（今重庆市梁平区）人。著有《周易集注》《来瞿唐先生日录》，分别收入《四库全书》和《续修四库全书》。

译文

自强之人的每一个念头、每做一件事都蕴含着天的刚健之德。止息因人的欲望掺杂其中造成。天理周转流动，人的欲望退去，所以能够做到自强不息。如果有一丝一毫的私欲间杂在其中，那么就会止息。奋发图强与止息相反，如同社会利益与私人利益相对，奋发图强不止息犹如大公无私没有私心。天体运行的刚健之德是就天的刚健来说，"自强不息"则是就我的刚健来说。上句是对卦辞的解释，下句是对人事的指导，其他卦也是如此。

自强不息　厚德载物

▌解析▌

　　虽然公与私在字面上是相反的两个字，但其实际意义并不一定完全相悖，社会利益与个人利益并不总是冲突。但强与息则完全相反，如有片刻休息就不能称之为自强不息。这要求似乎有点严苛，但放在现实中就会发现，逆水行舟，不进则退，即使短暂的歇息放到国家层面也会造成很大程度的落后，落后就要挨打，这是近代史血淋淋的教训。近几年来中国高速发展，正在迈向现代化强国行列，战争不再弥漫着硝烟，而是集中在科技与文化的刀光剑影中，像光刻机、芯片、操作系统等都是众所周知的"卡脖子"技术。尤其在西方国家特别是美国对华敌意越来越强烈的背景下，只有自己掌握技术主动权，才能在这场无声的战争中走得更远，因此科技发展需要争分夺秒，自强不息我辈义不容辞。

健象君子以天行为行，一团天理用事无纤毫[1]人欲间断是健，不在天而在君子，故谓之"自强不息"。自强象乾道之健，不息象乾上有乾，六十四卦《大象》皆言以卦，卦人所自有也。

——明·钱一本[2]《像象管见》

注释

[1] 纤（xiān）毫：极其细微的。

[2] 钱一本（1546—1617）：明代学者。字国瑞，号启新，学者称启新先生。武进（今属江苏常州）人。著有《像象管见》九卷、《像抄》六卷、《续像抄》二卷、《四圣一心录》六卷、《范衍》及《遯世编》等。

译文

刚健之德表现出来的景象是君子效法天体的运行而行动，依据天理做事而没有一丝一毫的私欲间杂其中便是健，这不在于天而在于君子（怎么做），所以称之为自强不息。自强取象于乾卦的刚健，不息取象于重乾之至健，六十四卦的大象辞讲的都是占到此卦的卦主所应该做的。

解析

天行的刚健之德、君子的自强不息、六十四卦的卦辞等内容，无论阐释得多么玄之又玄，我们始终牢记《周易》的落脚点在人事上，如何理解、如何做的关键也不在于天而在于人。《周易》研究有象数派和义理派之分，象数派更加注重卦象、卦变，推导人事吉凶，而义理派更加注重其中所蕴含的哲学道理。不管是哪一派，都不否认《周易》其书最初是作为一本卜筮之书而存在的，因此它对于人事的指导作用是毋庸置疑的。

现实生活中，民间的研究也更加热衷于这一点。在社交软件豆瓣上存在着许多《周易》相关的小组，比如易经、易经人生、六爻占卜、六爻纳甲讨论小组，这些小组多则两万多人、少则两三千人，小组中探讨最多的内容就是"八卦预测""解卦"等对于未知人事方向的询问和讨论。有意思的是，有的人对此坚信不疑，会因卦象影响到自身心态，而有的人虽然会受卦象影响，但最后却能坚持自我，屏蔽掉卦象所带来的心理暗示，有的人则会不断占卜，直到卦象呈现出他满意的答案，这实际是心中早有决断，占卜不过是为求得心安罢了。但不论是哪一种人，都不能忽略《易》之根本。卦象固然能够为迷茫的人们指引人生方向，但它的总体基调是积极向上的。古之圣人观天象作《周易》，不是为了强调命定论，鼓吹听天由命。君子有所为有所不为，得天地精华的人的力量是无穷的，其"有所为"即是要积极发挥人的主观能动性来合于天命。

人若一息不行健，如何像得天象？故"君子以自强不息"，"以"字全是自家着力。"自强不息"，君子之乾德也，便成天象，六十四皆要成象。"自"字要认，一日不自强，天行息，于一日一时不自强，天行息，于一时终身不自强，其人虽存，天道已息矣，故君子时习。

——明·吴桂森[1]《周易像象述》

注释

[1] 吴桂森：明无锡（今江苏无锡）人，字叔美，万历四十四年（1616）贡生。曾与顾宪成、高攀龙于东林书院讲学，又师从钱一本学《易》，传钱氏《像象》之学。著有《周易像象述》《像象金针》《真儒一脉》《书经说》《曲礼说》等。

译文

人如果在短暂的时间内行动不刚健，怎么与天的规律相像？因此"君子以自强不息"中的"以"字，就是强调君子修行全要依靠自家的力量。只有通过自强不息，君子的刚健之德才能够与天的刚健之象相配。六十四卦都有君子修行以配天的取象，君子必须躬身践行。（如果）一天不做到奋发图强有所停息，那么在一天乃至一个季度都会不努力而懈怠，在一个季度乃至终生都不奋发图强。这个人虽然存活着，但是天道已经止息，所以君子要经常温习这一点（有所警醒）。

解析

自强不息是君子的刚健之德，但是这种品德不是与生俱来的，要做到自强不息还需要自己每时每刻努力向上，如果有片刻的松懈，那么就像多米诺骨牌效应一样，这个人可能在一天内、一个季度内乃至一生都会松懈下去，因此只要有片刻的松懈也就达不到刚健之德了。

这放在生活中也很容易理解，我们大多数人通常会提前计划一个比较充实的假期安排，比如朋友聚餐、出门旅行、阅读、运动等。但事实上，如果第一天就不按计划行事，选择在家睡懒觉，往后极容易一直懈怠下去，导致整个假期计划不能照常完成。虽然一个假期对整个人生来说不算什么，但这片刻的懈怠就有可能导致终生的懈怠，懒惰的形成甚至可能仅仅从少写一个字、少说一句话开始，这样微不足道的小事如滚雪球一般，潜移默化地改变态度、行动。从善如登，从恶如崩，自强不息容不得片刻懈怠，君子效法乾天之道，要做到"学而时习之"，时时警醒且能温故知新，常学常新保持日日新的状态。

说不得"天行乾"，故曰："天行健"。正见健者，天之用，与道家刚风〔1〕之说自异。若有顷刻停止，顷刻便与天不相肖。只为情缘欲根未能截断，时有窃发。此是性体周流，与天同运，方能不息。《乾》以不息为健，《壮》以勿履为壮〔2〕，天授此心是阳精灵气钟结，以天还天，只在一点圆团团赤烁烁方寸地上，不用他求。自强不息即君子之健，君子之天行。若健行在天而君子以之，天与君子本非一物，于自何与？

——明·魏浚〔3〕《易义古象通》

注释

〔1〕参见《朱子语类》"道家有高处有万里刚风之说，但是那里气清紧，低处则气浊，故缓散。想得高山更上去，立人不住了，那里气又紧故也"。

〔2〕参见《大壮·大象》"雷在天上，大壮；君子以非礼弗履"。

〔3〕魏浚（1553—1626）：号苍水，松溪县城关人，明万历重臣。著有《易义古象通》，纪昀评价道："论述精辟，有独特见解，研析颇深，非抄袭雷同者能比。"

译文

（因为）不能说"天行乾"，所以说天体运行刚健。刚健是天得以运行的原因，和道家刚劲之风的说法有所差别，如果有片刻的止息，那么片刻之间就和天不相像了。只是因为感情缘分、欲望根源没能够被完全截断，以致时常暗暗发动出来。这是因为人的本性品质环绕流转，与天的运行节律相同，所以能够一直不停息。乾卦中将不止息看作刚健，大壮卦中将不出格看作强盛，天授予人们这样的心，它是阳刚精粹之气凝聚在一起的，用天来回报天，只注重那一团圆形光芒闪动的心即可，不用向外探求。自强不息是君子的刚健之德，是君子效仿天的行为，如果说刚健之行是天的品质，而君子效法它。那么，天和君子若不是一物的话，又怎么能进行呢？

┃解析┃

　　天体能够运行不息是因为有刚健之德，而道家则认为天体的运行是因为存在使其运行的"刚风"。乾卦赋予天刚健之德，要求君子自强不息，大壮卦则要求君子坚守正道、不越常规，可见这些关键都在于人们的行为而不在于天本身。自强不息是中华民族的传统美德，自从 1840 年鸦片战争以后，中国长期处在被瓜分的状态，无数仁人志士投入到了救国兴国的道路上，而其中晚清的戊戌变法也是一次黑暗中的摸索前行。作为中国近代史上的一次重要的政治改革，虽然这次变法失败了，但它带来了一定的思想启蒙效用，为之后其他的救亡图存运动起到了推动作用。探讨其失败原因，除客观因素外，不可否认的是变法本身过于激进，妄想通过一次变法行动实现强国，实在是冒进之举。可见，乾卦带给我们无穷的力量，自强不息、对待事业都应该勇往直前、不畏艰辛，同时也应该注意不可蛮干、不可过分冒进，要有进有退。

君子何以能自强不息也？以天行也。天行自不息，君子之心，天行也，何息之有？非此之以〔1〕而能不息乎？六十四卦之以〔2〕皆以此也。

——明·高攀龙〔3〕《周易易简说》

注释

〔1〕以：即《乾·大象》"君子以自强不息"之"以"。

〔2〕以：在六十四卦的大象辞中均有"以"字。

〔3〕高攀龙（1562—1626）：字存之，又字云从，南直隶无锡（今江苏无锡）人，世称"景逸先生"。明朝政治家、思想家，东林党领袖，"东林八君子"之一。著有《高子遗书》十二卷等。

译文

君子为什么能够奋发向上不停息呢？因为效法天的运行。天体运行从不止息，君子的心就像天的运行一样，哪来的什么休息？如果不是乾卦的"以"，君子能够不止息吗？六十四卦大象辞中的"以"都是如此。

解析

君子之心就像天的运行一样从不止息，从身体的角度来说，人体只要活着，心就在跳动；从行动的角度来说，君子做事无不需要心的指引，因此只有保持奋发图强、持之以恒的心态，君子才能够做到自强不息。

　　奥斯卡金像奖获得影片《国王的演讲》中讲述了英国国王乔治六世因意外接任王位，在医生、妻子帮助下，不断努力克服严重口吃，在"二战"前发表公众演讲的故事。事实上，乔治六世的口吃虽然有所减轻，但终其一生都未能治愈，这不影响他始终与口吃做斗争，其一生也可看作自强不息的表率。君子之不息不仅仅只是蕴藏在乾卦中，而是在六十四卦中皆有体现。乾、坤二卦为《易》之门户，这也就意味着理解《周易》要基于乾、坤二卦，六十四卦之变化也不能离开乾坤。乾天所具备的生生不息的德行，实际上六十四卦兼而有之。所以，君子在效法任意卦象付之于人事时，都当坚持不懈、生生不息。

人心与天同体，通乎昼夜而运。盖天德之刚本不容人为[1]之间，而非自胜其私[2]者不足以合天，故曰君子以自强不息。自强不息之谓纯阳，才有一念杂便是阴，便非纯阳。自强者体乾之象，不息者体重乾之象。

——明·潘士藻[3]《读易述》

注释

　　[1] 人为：为人造成，与"天命"相对。

　　[2] 私：即私欲，人性中不合乎天理的欲望。

　　[3] 潘士藻：明代徽州府婺源人，字去华，号雪松。万历十一年（1583）进士，曾求学于耿定向、李贽。著有《闇然堂集》《洗心斋读易述》。

译文

　　人心和天是一致的，二者都是昼夜不息运转不停。大概天的刚健之德并非人能够可以获取的，不能克制自己私欲的人无法合乎天道，所以《大象传》言："君子应该做到自强不息。"自强不息就是所谓的纯粹的阳，仅仅有一个念头杂乱其中就是阴，不再是纯粹的阳了。奋发图强的人践行的是天的取象（健），永不止息的人践行的是重乾的取象（纯阳至健）。

解析

　　早在《礼记·乐记》中早已言明"灭天理而穷人欲"的危害，宋理学家更是强调"存天理，灭人欲"的重要性。唯有圣人生来与

自强不息　厚德载物

天同心同体，而剩余的普通人，其心中既有由自然属性决定的生理欲望，也容易产生违背道德原则的私欲（人欲）。因此要想让人心合乎于天，效法天的刚健之德，必须要克制私欲、自强不息。儒学的十六字传心之法就指出："人心惟危，道心惟微；惟精惟一，允执厥中"（《尚书·虞书·大禹谟》），朱子更是提出为学的功夫就是要"使道心常为一身之主，而人心每听命焉"。这对于现实中的反腐倡廉行动起着尤为关键的作用。

君子以乾自治〔1〕，非强则与健不相似，息则与行不相似，故曰"自强不息"。非天行之健在彼，而君子仿之于此也。不息则天，有息则人，天人之分系于一息几微。如此双湖〔2〕曰："大象皆着一以字，即以字示万世学者之准易之道〔3〕，天人一体之道也。"

——明末清初·孙奇逢〔4〕《读易大旨》

注释

　　〔1〕自治：修养自身德行。

　　〔2〕双湖：即胡一桂（1247—?），字庭芳，号双湖先生，徽州婺源（今江西上饶婺源）人。精于易学，其学源于其父胡方平。著有《周易本义附录纂疏》十五卷、《易学启蒙翼传》四卷、《十七史纂古今通要》十七卷、《朱子诗传附录纂疏》、《人伦事鉴历代编年》等。

　　〔3〕准易之道：合乎《易》的道理。

　　〔4〕孙奇逢（1584—1675）：明末清初理学大家。字启泰，号钟元，晚年讲学于辉县夏峰村 20 余年，从者甚众，世称夏峰先生。与李颙、黄宗羲齐名，合称明末清初三大儒。著有《理学宗传》《圣学录》《北学编》《洛学编》《四书近指》《读易大旨》《书经近指》等。

译文

　　君子通过乾卦（效法天道）来修养自己的德性，不奋发图强的话就做不到与（天的）刚健之德相似，不能坚持不懈、有所止息的话就不能与（天生生不息之）运行相似，所以说自强不息不是说天行的刚健之德在天身上，而是君子应该自己效法天的运行（以获取刚健之德）。永不止息的是天，坚持不懈但有所止息的是人，天和人的区别就在于这细小之处。因此双湖说："《大象传》中就用精准的一个字给长久以来的学者们展示了精准的周易之道，也就是天人一体的道。"

解析

《大象传》中讲"天行健""地势坤""水雷屯""山水蒙"等，都是用一个字"健""坤""屯""蒙"等来精准展示周易之道，因此"天行健"的重点就在"健"字上。"乾"与"健"二者可以互训，但乾卦《大象传》用"健"不用"乾"，实则有尊乾以区别于其他卦之用意。而乾卦之"健"不在于天，而在于君子自身，自强不息应该是君子力身效法的行为，现实中自强不息者无不是以身涵养践履。

著名作家张海迪幼年因血管瘤导致高位截瘫，但她并没有自暴自弃，而是一直努力成为一个对社会有用的人。她一边与病痛作斗争，一边努力学习，学会针灸等医术，为群众无偿治病，后来又从事文学创作，将她顽强不屈的精神传递出去。可见，自强不息之道非在于天，而在于人自身。

履盛而不偷，处满而知惧，教而知绌〔1〕，学而知不足，过而能改，不足而能勉，早服〔2〕莫宿，可以言自强矣。故日〔3〕法天者也，君子法日者也。

——明·黄道周〔4〕《易象正》

注释

〔1〕绌（chù）：不足之处，短处。

〔2〕服：施行，实施。

〔3〕日：代指乾卦。

〔4〕黄道周（1585—1646）：汉族，字幼玄，一作幼平或幼元，又字螭若、螭平，号石斋，世人尊称石斋先生。福建漳州府漳浦县（今福建省东山县铜陵镇）人，明末学者、书画家、文学家、民族英雄，与刘宗周并称"二周"。著有《儒行集传》《石斋集》《易象正义》《春秋揆》《孝经集传》等。

译文

事业功名达到巅峰而不苟且，财富充足却能知道忧虑恐惧，教授别人而能察觉自己的不足，学习之余能发现自己的缺点，有过错能够及时改正，尽力弥补不足之处，早晨行动夜晚安歇，这可以说是努力向上了。所以乾卦效法天，君子效法乾卦。

解析

与其他人强调效法天的刚健之德、君子以自强不息不同，黄道周的这段话对自强提出了极为通俗具体的看法，这能够给予人更

自强不息　厚德载物

加明确的人生指引。事业功名有所成就但做事不违背社会道德规范、个人做事原则，就如同牡丹雍容华贵，但它不苟且不俯就不妥协不媚俗；即使是腰缠万贯富可敌国也要懂得未雨绸缪，就像民间俗语所说的那样"富时莫忘穷时苦，权重莫忘卑时轻"；教导别人时能够以他人为镜，审视自己的不足；学而知不足，思而得远虑，多思多学才能有所长进；有了过错要及时改正，有了不足就要尽力弥补。

按此标准，日出而作日入而息，这就是自强了。事实上，黄道周本人也是如此践行的，他学问深厚，涉猎广泛，精通书法、绘画、史学、儒学、天文、易学，一生刚正不阿，清军入关时极力收复疆土，以身殉国，他的忧国情怀、以身报国、刚直不阿的气节和人格精神鼓舞了一大批人前仆后继地报效国家、建功立业。这就是自强的典范！

李氏〔1〕曰：学者未敢言无息，且自不息入，凡有所依附以强者，失其依附则强息。君子只是自强，师友其资耳，诗书其寄说〔2〕者耳，如天行之健何所依附哉？

——明·张次仲〔3〕《周易玩辞困学记》

注释

〔1〕李氏：即李过：字季辨，兴化军（今福建省莆田市）人。南宋人，撰《西溪易说》十二卷。

〔2〕说：通"悦"，喜悦之意。

〔3〕张次仲（1589—1676）：字元岵，别号待轩，浙江海宁人。著有《一经堂集》十二卷、《诗经》六卷、《周易玩辞困学记》十五卷、《左传分国记事》二十一卷、《春秋随笔》《左传钞》《史记钞》《晋书纂》《孔子年谱》等。

译文

李过说："一般的学者不敢说（学习）永不停息，姑且从坚持不松懈入手。"凡是因有所依附而强健的人，当失去依附时，其强健也荡然无存。君子只是靠自己奋发图强，老师朋友是他们的资助，书籍是他们寄托喜悦的载体，就像天体运行刚健，哪里有依附什么东西呢？

解析

菟丝子作为一种寄生植物，经常被用来比喻依附他人而活的人，这种人不需要自己努力奋斗，只要选好宿主，便能生存下去。

比起自强不息，这种生活方式无疑来得更轻松，因而现实中也有不少追求菟丝子式的生存方式。

日本有一档知名节目《可以到你家跟拍吗》，节目组在东京街头随机采访路人，询问是否能够跟随他们回家拍摄。有一期节目组采访到了一位六十八岁的老人前田良久，他的家震惊了节目组和观众。这位老人的家里遍地都是垃圾，房顶漏雨多年，地上随意扔着腐烂的橘子皮、未清洗的碗筷，据老人自己介绍，他已经二十多年没有打扫房间了。实际上这位老人家境十分优渥，但在高三多次落榜后，他选择了"家里蹲"，因为没有工作，父母活着的时候他依靠父母生存，父母去世后便依靠遗产度日，正如菟丝子一般。中国有句民间俗语："靠山山倒，靠水水流。"与其将生存的权利交归别处，不如选择自己努力。

健而无息之谓乾，《中庸》言"至诚无息"者通之于天也。自强言不息，不言无息，学之为法天事耳，始于不息，终于无息，故《中庸》于"无息"之下文，而推原之曰"不息则久"〔1〕。君子以道为体，望其圹，皋如也，宰如也，坟如也，鬲如也〔2〕，则君子之息时也，虽至倦勤庸得息哉？要在自强，有依以为强者，依去则强息，天何依哉？君子之学，师友其资耳，诗书其游耳，自下学暗然以至不显笃恭，惟此一至诚焉运之，夫焉有所依而有息时也？或问"天行健"则常动矣，安所睹其静哉？天行有常，其至静也，夫动静奚可以作息观也？又问"自强"之法何如？曰："主敬"〔3〕。君子庄敬日强，"自强"者，体下乾之象，"不息"者，体重乾之象。

——明·何楷〔4〕《古周易订诂》

注释

〔1〕参见《中庸》第二十六章"故至诚无息。不息则久，久则征。征则悠远，悠远则博厚，博厚则高明"。

〔2〕圹（kuàng）：指空旷的墓地。皋（gāo）如：通"皋"，实即"皋"字的讹变。如，高貌。宰：犹"冢"，坟墓。坟：指高出地面的土堆。《礼记·檀弓》："古也墓而不坟。"郑玄注："土之高者曰坟。"鬲（lì），古代炊器，陶或青铜制，圆口，三空心足。语出《列子·天瑞》"望其圹，皋如也，宰如也，坟如也，鬲如也，则知所息矣"。

〔3〕主敬：宋代理学家提出的道德修养功夫，强调人的内在涵养。

自强不息　厚德载物

〔4〕何楷（1594—1645）：字玄子，号黄如，祖籍漳州镇海卫（今厦门南），泉州晋江人。博览群书，尤精经学，著有《古周易订诂》和《诗经世本古义》。

❙译文❙

乾就是刚健没有止息，《中庸》中说"君子在道德修养上达到诚的境界，就能够长久不间断"，这点与天相通。"自强"讲的是坚持不懈，而不是说永不停息，是为了效法天的运行规律。从坚持不懈开始，最终能够到达不停息，所以按照这个说法，《中庸》中自"无息（永不止息）"推演出下文"不息则久（因为不停息所以能够久远）"。君子实行天道，等看到墓穴高高耸立得像高地似的，像小山尖似的，像土堆似的，像扣着的锅似的，那就是君子休息的时候了，虽如是到了十分疲惫勤奋劳苦的程度才得以休息吗？关键在于自己奋发图强。那些有所依靠才去奋发图强的人，在依靠消失的时候就会停步止息。可是，天有什么凭依呢？君子的学问，老师朋友是他学习交流的资本，书籍是他请教学问的来源，自己闭门盲目地去学以至于不发扬笃实恭敬的品质（去求学），只是这样专一至诚的样子去运行，哪里有依照而且有休息的时间呢？有的人问：天体运行刚健于是一直保持着运动，哪里能够看到它安静下来的样子呢？天体运行有它的规律，它达到安静的状态了，动静怎么都可以看作它休息的景象了。又有的人问做到奋发图强的方法是什么？回答说：将"敬"作为修养方法。君子每天庄重严肃就会日渐强健，奋发图强的人能够践行乾卦中下卦的象义，永不止息的人能够践行乾卦中上卦的象义。

❙解析❙

作者引用何楷的观点，认为自强不息是君子效法天的行为，虽然不能与天之"无息"相媲美，但也是一条善道。自强主要在于用"敬"修养自身。主敬是宋代理学家提出的道德修养功夫，程颐就认为"主敬"在外表现为容貌举止要整齐严肃，在内则要专心于一处，保持内心的安宁平静。以主敬为自强之法，实际上是强调相较于行为，心性上的自强不息更为关键。若能做到"诚其意"，内心守一持敬，自然能够与天合一。这对于人们的要求更加具体，现实中人们若想做到自强也有了更为明确的指引。

以坚持不懈理解"不息"是十分贴近现实的，毕竟人受生理结构的影响，不可能在行动上做到永不停息，一刻也不停止。《列子》中有载"子贡倦于学"之事：子贡对学习厌倦了希望休息，而孔子则告诉他人生没有休息，子贡则问那就没有休息的地方了吗？孔子回答说：死后的墓穴里就是休息的地方。可见人生在世，各种生命活动都不会停止，人的奋发向上、不断进取也不能停止，而人总是有死亡的一天，死亡过后面临的就是永远的休息，这就是所谓的"生有所息，生无所息"。毛主席也曾经写道："一万年太久，只争朝夕"，人生固然没有一万年，在短短的几十年里更要充满紧迫感，保持锲而不舍的态度、践行自强不息。

乾者，健而无息之谓也。天以乾道成人，而人不能体天之健，是谓不肖君子。观于乾乾之象以"自强不息"云，按天一昼一夜行九十余万里，人若一刻放下便与天行不相似了，故一息尚存此志不容少懈，务期与天同健而后已。盖始而法天者，久而合天矣。《本义》云："不以人欲害其天德之刚。"又《语录》云："不息只是常存得此心，则天理常行，而周流不息矣。"此从源头上着解〔1〕，才是真自强，才是真不息，才是君子下手真工夫。君子以德言希圣希贤〔2〕之称也。

——明末清初·刁包〔3〕《易酌》

注释

〔1〕着解：理解。

〔2〕希圣希贤：仰慕圣贤的境界，效法圣贤。语出周敦颐《通书》"圣希天，贤希圣，士希贤。"

〔3〕刁包（1603—1669）：字蒙吉。晚年号用六居士，直隶祁州（今河北安国）人。著有《四书翼注》十六卷、《辨道录》八卷、《用六集》十二卷、《斯文正统》十二卷、《潜室札记》二卷。

译文

乾是说行动刚健并且永不止息。天用乾道成就人，所以那些不能体悟天的刚健之德的人不能称之为君子。（圣贤）观察至乾的景象感悟出自强不息之精神，天一白天一夜晚运行九十多万里，人如果有很短的时间放下自强那么就和天不相似了，所以只要还活着，这个志向就不能懈怠，要期望并且致力于能够和天同样刚健然后再停止。大概从一开始就效法天的人，时间久了就能合乎天道了吧。《周易本义》说："不能用人的私欲损害天的刚健之德。"《朱子语录》也说："不息就是要常常谨存这份永不止息的心，那么天理就会常常运行，周转流通不停息了。"这从源头上理解才是真正的自强，才是真正的不息，才是君子真正着力用功的地方。君子用品德来言称追求圣人境界、贤人境界。

解析

　　人只要活着，就要坚持奋发向上，没有人比王磊更加懂得这句话。王磊是一名临床医学专业博士，她以优异的成绩毕业于中南大学湘雅医学院，曾经是一名神经内科医生。但是命运弄人，2013年她因突发脑干出血导致瘫痪。在经历艰难产子、与丈夫离婚等困境后她并没有自暴自弃，而是想着自己接受国家的培养成为博士，总要努力去创造一些社会价值。于是她筹建了健康咨询网站"花甲论坛"，专门为脑梗死、高血压、糖尿病等老年病患者提供医学咨询。在相关采访视频中能够看到，王磊的手指活动十分困难，论坛的所有搭建工作都是她一点一点从网上学习，逐步建立起来的。她每天也在耐心回复网上咨询的病人，利用她的所学回报社会。目前花甲论坛已有 4078 名会员，最高日活量高达 1693 人。许多病人从论坛上得到了帮助，而王磊在遭受命运的无情摧残后仍然保持着奋发图强的状态，她自强不息的精神激励着当下每个年轻人。

《见易》[1]曰：君子与天共一乾，体乾者健也。自强便是健，不息方为自强，一刻不自强即一刻失其健矣。

《火传》[2]曰：一部《老子》全旨在柔[3]，大《易》全旨在刚[4]，此《老》《易》之分。惟自强不息而后为纯阳，才有一念杂之便是阴，便与乾体不合。自强者体乾之象，不息者体重乾之象。道家虽用在柔而体贵刚，故亦取法于乾。

——明·钱澄之[5]《田间易学》

注释

〔1〕《见易》：书名，钱澄之其父学易心得，由钱澄之整编。自《田间易学·凡例》记载："吾家自融堂先生（钱时）以来家世学易。先君子究心五十余年，临没之年乃有所得，口授意指命不孝为之诠，次录诸简端，不孝亦间有已见，为先君子所首肯者，亦并载之名曰《见易》。"

〔2〕《火传》：书名。钱澄之逃难途中得黄道周教授易学，后于闽山三年有所得，著成《火传》一书。因旧本被战火销毁殆尽，故而取"薪尽火传"之意。《田间易学·凡例》记载："南渡时予罹党祸，变姓名逃诸吴市，遇漳浦黄先生（黄道周），舟过吴门遥识之，召使前慰勉之，余教令学易。不数月，吴下大乱，家室丧亡，窜身入闽。困闽山者，三年每念先生教，辄思读《易》。其《见易》旧解遗亡殆尽，又无书可借，唯记诵章句默寻经义，时有所获，久之成帙目，曰《火传》。盖以家园屡经兵火，所藏故本应付灰烬矣，又以薪尽火传，即此犹是先君子之遗教也。"

〔3〕《老子》全旨在柔：《老子》一书强调"贵柔"，其中不乏以

柔克刚、以弱胜强的思想，如第七十八章有言："天下莫柔弱于水，而攻坚强者莫之能胜，以其无以易之。弱之胜强，柔之胜刚，天下莫不知，莫能行。是以圣人云：'受国之垢，是谓社稷主；受国不祥，是为天下王。'正言若反。"

〔4〕大《易》全旨在刚：《乾》《坤》二卦是《易》之门户，乾为阳为刚，坤为阴为柔，而坤亦是顺承于乾阳之刚。

〔5〕钱澄之（1612—1693）：初名秉镫，字饮光，一字幼光，晚号田间老人、西顽道人。安徽省桐城县（今枞阳县）人。明末爱国志士、文学家，与同期的顾炎武、吴嘉纪并称"江南三大遗民诗人"。著有《田间集》《田间诗集》《田间文集》《藏山阁集》等。

┃译文┃

《见易》说："君子和天同属于乾卦，（君子要）践行乾卦的刚健。奋发图强就是刚健，不止息才能够奋发图强，即使是片刻间不奋发图强，那么这片刻间也就失去它的刚健了。"

《火传》说："《老子》其书的主旨在柔，《周易》其书则侧重于刚，这是二者的区别。只有做到奋发图强永不止息然后才能达成纯粹的阳，仅仅有一个念头杂乱在其中就是阴，就和纯粹的乾卦本体不符合了。奋发图强的人实行的是天的取象（健），永不止息的人实行的是重乾的取象（纯阳至健）。道家虽然表现着力于柔弱，但是（最终）还是为了实现刚强，所以也是从乾卦中获取效法而来的。"

┃解析┃

有学者认为，《周易》是中国传统文化的源泉，所以它不仅仅是儒家的重要经典，道家对其也十分推崇。道家崇尚柔弱，《道德经》强调"弱之胜强，柔之胜刚"，这里的"柔弱"只是一种手段，其最终目的是为了达到它的对立面"刚强"，因此也可以看作从乾

自强不息　厚德载物

卦中得到的思想。既然《周易》其书都是讲刚健，那么效法刚健之德对于人们来说就极其重要了，这具体表现为积极向上、永不停息，哪怕是短时间内的停止，也不能获得刚健之德。

　　名著《钢铁是怎样炼成的》的主人公保尔·柯察金从小生活困难，早年丧父，母亲靠洗衣做饭养活他和哥哥，在艰难中长大的保尔在朋友谢廖沙的影响下参加红军。之后他积极投入工作岗位，不怕苦不怕累地参与到铁路建设中；他驰骋疆场，哪怕头部被弹片击中受重伤也不影响他的战斗激情。他是一名无私的革命战士，甘愿为苏维埃政权奉献一切。甚至在失明瘫痪后他又加入到了文学创作中，正像他所说的："我的整个生命和全部精力，都献给了世界上最壮丽的事业——为人类的解放而斗争。"他的坚强、毅力以及自强不息的精神激励了一代代中国的革命青年。

乃均之为龙德〔1〕，则固不可得而贵贱之。初者，时之"潜"也；二者，时之"见"也；三者，时之"惕"也；四者，时之"跃"也；五者，时之"飞"也；上者，时之"亢"也〔2〕。一代之运，有建、有成、有守；一王之德，有遵养、有燮伐〔3〕、有耆定〔4〕；一德之修，有适道、有立、有权〔5〕；推而大之，天地之数，有子半、有午中、有向晦〔6〕；近而取之，夫人之身，有方刚、有既壮、有已衰：皆乾之六位也。故《象》曰"君子以自强不息"，勉以乘时也。

——明·王夫之〔7〕《周易外传》

注释

〔1〕龙德：即乾龙之德。

〔2〕时：时机，时运。潜：即《乾》之初九"潜龙勿用"。见：即《乾》之九二"见龙在田，利见大人"。惕：即《乾》之九三"终日乾乾，夕惕若厉，无咎"。跃：即《乾》之九四"或跃在渊，无咎"。飞：即《乾》之九五"飞龙在天，利见大人"。亢：即《乾》之上九"亢龙有悔"。

〔3〕燮（xiè）伐：协同征伐。

〔4〕耆（qí）定：平定。

〔5〕参见《论语·子罕》"子曰：'可与共学，未可与适道；可与适道，未可与立；可与立，未可与权。'"适道：追求大道。立：坚持道而不变。权：本指秤锤，秤锤能够权衡物的轻重，所以引申为权衡轻重，通权达变的意思。

〔6〕向晦：傍晚，天将黑。

〔7〕王夫之（1619—1692）：字而农，号姜斋，人称"船山先生"，湖广衡阳县（今湖南省衡阳市）人。明朝遗民。明末清初思想家，

与顾炎武、黄宗羲、唐甄并称"明末清初四大启蒙思想家",学者王朝聘的儿子。著有《周易外传》《黄书》《尚书引义》《永历实录》《春秋世论》《噩梦》《读通鉴论》《宋论》等书。

┃译文┃

　　(乾卦六爻讲的)都是龙的品德,所以没有什么高低贵贱之分别。初九,潜伏的时机;九二,崭露头角的时机;九三,勤勉警惕的时机;九四,跃跃欲试的时机;九五,飞龙在天的时机;上九,招致灾祸或者后悔的时机。一个朝代的气数,有建朝、成功、守业;一个君王的品德,有顺应时事积蓄力量、有协同征伐、有平定江山;品德的修养,有追寻道统、有坚定不移、亦有权衡势力;将这些推到更大的层面说,天地的时间有凌晨、有中午、有傍黑;从离我们生活很近的层面说,人的身体素质,有精力刚开始旺盛、有已经到壮年、有已经衰老的;以上这些都是乾卦六爻在不同位置下表明的不同含义。所以《大象传》中说"君子应该做到自强不息",(就是要)尽力利用时机。

┃解析┃

　　时、位、命是《周易》中重要的概念。时即时机,是客观条件,不以人的意志为转移,我们不能创造时机,但能够把握时机,王夫之在此依次讲明从初九到上九六爻中的时机。位则指位置,同一东西放在不同位置会有不同的作用,就像但丁说的那样,"世界上没有垃圾,只有放错地方的宝藏"。我们要相信"天生我材必有用",选择合适的道路才能走得更远,王夫之在此也从许多方面讲解六爻在不同位置上表现出来的含义。命指的是命运,这并不是宿命论的命由天定,而是强调对人的要求,人们的命运纵然有不可改变的客观因素,但把握时机的全都在自己,因此自己要勉力而行,王夫之在此讲明君子做到自强不息就是尽力抓住时机了。

苍苍者无正，浩浩者无极，天不可以体求也。理气浑沦[1]，运动于地上，时于焉行，物于焉生[2]，则天之行者尔。天体不可以人能效，所可效者，其行之健也。唯异端强求肖天体，而君子安于人道而不敢妄。乾道大矣，君子仅用之于"自强不息"，不敢妄用之也。妄用天者为妄人。

——明·王夫之《周易大象解》

注释

〔1〕浑沦：道之初始状态，通"混沌"。

〔2〕时于焉行，物于焉生：天体运行造就四时变化，促使万物滋生。其意同《论语·阳货》"四时行焉，百物生焉"。

译文

天是苍苍茫茫、没有起始的，它浩浩荡荡渺无边际，所以理解天不能从它的形体去寻找。天是理气浑合而成，它在大地上运行，由此产生了四时运行、万物生长，这些都是天运行的表现。天体本身是人所不能效仿的，人所能够效法的是天运行表现出来的刚健之德。只有异端才会勉强人们追求效仿天体本身，而君子则是安心追求做人之道，不敢有所妄想去模仿天体本身。乾道涵盖的内容十分广大，君子仅仅使用它的"自强不息"，不敢擅自借用效法其他的方面。妄想使用整个天的人是狂妄无知的人。

解析

天之本体浩瀚缥缈，涵盖万象，是人无可比拟的，所以妄想效

自强不息　厚德载物

法天的整体是不可能的。但天与人并非互不相干的两个整体，所谓"天命之谓性"，人之性实际上是上天授予的，而连接天与人的桥梁实际上就是"德"，人之德通于天之德。人们效法天，仅仅是以自强不息求其刚健之德，一个人能够做到自强不息就已经十分难得了。

美国作家海伦·凯勒在一岁半的时候因病失去了听觉和视觉。由于自幼失聪失明，她性情十分暴躁、桀骜不驯，直到遇到她一生的老师安妮·莎莉文。安妮对她投入了无限的耐心和热情，海伦·凯勒也在老师的帮助下不断学习、改善性格，最终学会了说话，并获得了哈佛大学女子学院学位。她一生致力于盲人福利和教育事业，她的著作《假如给我三天光明》也为无数人们带来了勇气、希望和感动。海伦·凯勒从任性无知、又盲又聋的小女孩到富有爱心、才华横溢的女性，安妮·莎莉文付出的陪伴和心血让人感慨，更让人感动的无疑是她自强不息、不屈不挠的精神，这就是刚健之德最好的体现。

君子以此至刚不柔之道，自克己私，尽体天理，发愤忘食，乐以忘忧，不知老之将至〔1〕，而造圣德之纯也。强者之强，强人者也；君子之强，自强者也〔2〕。强人则竞；自强则纯，乾以刚修己，坤以柔治人。君子之配天地，道一，而用其志气者殊也。修己治人，道之大纲尽于乾坤矣。

——明·王夫之《周易内传》

注释

〔1〕语出《论语·述而》"其为人也，发愤忘食，乐以忘忧，不知老之将至云尔"。这是孔子乐天乐道的表现。

〔2〕参见《中庸》第十章"子路问强"。强者之强：即"衽金革，死而不厌"的"北方之强"。君子之强：中和了北方之强与"宽柔以教，不报无道"的南方之强。

译文

君子通过自强不息的践履通达于至刚不柔的天道，克制私欲，将天理践行到极致，努力勤奋到忘记吃饭，乐于道而忘记忧愁，不知不觉中老年即将到来，这样就形成圣人至高无上的纯粹品德。能力过人的强者所体现出来的"强"，在于用其势力勉强人，用果敢之力胜人；而君子的"强"，则是向内自省奋发图强。前者（强人）相互竞比；后者则用乾卦表现的刚健之德提升自己的修养，用坤卦的柔顺之德治理人民。君子所行之道与天地之道相一致，只不过是使用心志气力的主体有所不同。用刚健果敢涵养自己的品德，用柔顺之德治理人民，道的总纲在乾坤卦中就尽显出来了。

解析

王夫之具体阐释了君子如何践行至刚不柔的天道，包括克制私欲、勤奋努力、终生乐道等，而且还阐明乾卦修己、坤卦治人。修己治人是天道的总纲。另外，他还表明自强的目的是提升道德修养，而非勉强自己追求功利，前者是发自内心的追求，后者则容易导致竞争攀比，实际上，日常生活中功利与道德的冲突也屡见不鲜。

从个人来说，近年国内发生了一些间谍被捕案件，让人震惊的是这些"间谍"往往并非外国人，而是土生土长的中国人，他们的"工资"也并非多么高昂，有的仅为几千、几百的"兼职"费，为了追求蝇头小利而出卖国家机密，这种行为令人费解也让人不齿，不仅践踏了道德底线，更违犯了国家法律。从国家来看，当今世界正处于百年未有之大变局，各国的竞争合作都进入新阶段，中国始终秉持着"维护世界和平，促进共同发展"的外交政策，与国为善、和平交流。而反观某些国家，为了自身利益不择手段，甚至蓄意挑起战争动乱，将自己的国家利益建立在其他国家人民的性命之上，这无疑是没有道德、尚未开化的表现。可见，自强不息是我们应该终生践行的行为准则，而我们在努力向上的时候也应该明确修身立德是我们的目标。

《蒙引》〔1〕曰："凡君子以等，皆以现成者言时文〔2〕云，君子法之当何如哉？失其旨矣。"又曰："不可分以自强体下乾，以不息体上乾，盖天行健三字已自不分上下体了。故自强，则不息，一息则非强。"

——清·张烈〔3〕《读易日钞》

注释

〔1〕《蒙引》：即《易经蒙引》，明朝蔡清撰。蔡清（1453—1508），字介夫，别号虚斋，明代晋江人，著名理学家。

〔2〕时文：应试时的文章，特指八股文。

〔3〕张烈（1623—1686）：字武承，顺天大兴人，康熙时官员。著有《孜堂文集》二卷、《读易日钞》六卷。

译文

《易经蒙引》中说："凡是将君子划分等级的，都是当下应试八股文的'杰作'，如果君子当真如此会怎么样？这就丧失了《周易》本来意图。"又说："不可以将乾卦分开来说，用奋发图强去践行乾之下卦，用永不止息去践行乾之上卦，'天行健'三个字是不能分上下卦来分别践行的。所以说奋发图强，就代表了永不停止，如果有一瞬间的停止那都不能叫作强。"

解析

君子用自强不息来效法天的刚健之德。大多学者将乾卦拆分来看：自强与乾之下卦对应，不息与乾之上卦对应。但是《易经蒙引》

的作者却认为自强不息二者是合一的而不能分开践行。自强的过程就是不息的，否则不是真正的自强。这种观点也很容易理解，自强与不息从来不是互不相干、泾渭分明的两件事，奋发图强是一件持之以恒的事情，如果只是坚持一天、一个月就放弃，这完全称不上是自强。不息即坚持不懈，可见自强中已然包含了不息之意，因此如果奋发进取的同时没有做到不息，那么就称不上是自强了。所以不能将二者区分为"以自强体下乾，以不息体上乾"。

乾者，天也，乾德即天道也。日新〔1〕者，终日乾乾，自强不息，天行健也。

——清·毛奇龄〔2〕《易小帖》

注释

〔1〕日新：每日更新。《大学》引《尚书》言"苟日新，日日新，又日新"，朱熹注："言诚能一日有以涤其旧染之污而自新，则当因其已新者，而日日新之，又日新之，不可略有间断也。"要想保持常新的状态，必须有自强不息的精神。

〔2〕毛奇龄（1623—1716）：原名甡，又名初晴，字大可，又字于一、齐于，号秋晴，又号初晴、晚晴等，学者称"西河先生"。浙江绍兴府萧山县（今杭州市萧山区）人。清初经学家、文学家。毛奇龄与兄毛万龄并称为"江东二毛"；与毛先舒、毛际可齐名，时称"浙中三毛，文中三豪"。"扬州八怪"中的金农及陈撰均为其徒弟。其著作丰富，所著《西河合集》分经集、史集、文集、杂著，共四百余卷。

译文

乾就是天，乾德就是天运行的规则。不断完善自我的人整日勤奋努力，奋发图强不停息，这是天体运行刚健之德（的表现）。

解析

"天行健"于人事上的表现即是要自强不息，每日都能做到奋发图强，勤奋努力。现实中也不乏这样的人。著名物理学奖和诺贝尔化学奖获得者居里夫人为了从工业废渣中提炼出镭，需要每天在恶劣的环境下工作，历经三十五年之久，才从成吨的矿渣中提炼出了 0.1 克镭。她当年所使用的笔记本至今仍具有放射性，且其放射性预计还将持续 1500 年。居里夫人不仅给人类留下了难以估计的科学遗产，她的自强不息、勤勉努力也是珍贵的精神财富。所谓"苟日新，日日新，又日新"，要想日新其德，达到至善至诚的境界，必然是一个不断进取的过程，这也是追求天人合一的积极践履。

乾天也，天一也，何以二〔1〕哉？非二也，乾上乾下者，天包乎地，地有昼夜，天无昼夜，彻上彻下，循环无息之运用然也。其天行之象乎，是明明示人以乾之健也，君子观象而知所以法之矣。为龙〔2〕不徒其刚，为马〔3〕必先其良，不息之道，厥唯自强，自强不息其究也，厚德载物。

——清·包仪〔4〕《易原就正》

注释

〔1〕二：指乾卦由上下两个三画乾卦组成，又乾卦取象于天，容易误解成有两个天。

〔2〕龙：《乾》之六爻皆以龙为喻。《说文解字》："鳞虫之长。能幽，能明，能细，能巨，能短，能长；春分而登天，秋分而潜渊。"龙因时而进行不同转化的特点，合乎乾天之道。

〔3〕马：《乾》取象之一，参见《说卦传》"乾为马"。

〔4〕包仪：字羽修，邢台（今属河北）人。顺治间拔贡生。

译文

乾卦代表的是天，天只有一个，为什么说二呢？这不是说天的数量是两个，乾上乾下代表了天包住地，地面上有白天黑夜之分，但天却没有，（二者）贯通上下，循环往复不停止地运转。这是天运行的景象，明明白白给人们展示了天的刚健，君子看到这样的景象就知道如何效法天了。龙之所以为龙，不仅仅因为它的刚健，马作为马一定要性格温良。永不止息之道，只有做到自强才能实现，自强不息究其尽头那就是增厚美德、品德高尚、容载万物。

自强不息　厚德载物

|解析|

　　乾卦虽然分为上下卦，但并非有两个天，乾上乾下是彻上彻下融会贯通的。天体运行循环往复、周转不息，它表现出来的刚健之德是君子需要效法的，具体的效法之道就是自强不息，而自强不息最终落脚于修养自身的品德、厚德载物。

　　新冠肺炎疫情来势汹汹，在国家危急关头，全国各地的医生护士不顾个人生命安全，纷纷支援武汉，正是有他们将生死置之度外的气魄和为国家人民奉献的高尚精神，才抢救回无数病人。武汉封城期间，公务人员以及各路志愿者们冲锋一线，每日巡逻、设卡、盘查、测量体温，也正是有他们，防疫工作才能有条不紊地进行。春节期间，铁路、公路、电厂、口罩工厂等工作人员坚守岗位，舍小家顾大家，加班加点，保障人民日常生活需求。如果说自强不息是中华民族的力量源泉，那厚德载物就是中华民族屹立历史长河五千年的精神支柱，是我们每个中国人都应该追求的人生修养的最高境界。

游氏酢〔1〕曰：至诚无息，"天行健"也，若文王之德之纯〔2〕是也。未能无息而不息者，君子之自强也，若颜子三月不违仁〔3〕是也。

——清·李光地〔4〕《周易折中》

注释

〔1〕游氏酢：即游酢（1053—1123），字定夫，号广平，又称廌山先生。建州建阳（建阳麻沙镇长坪村）人。北宋书法家、理学家，程颐曾称赞"其资可以进道"。著有《中庸义》《易说》《诗二南义》《论语·孟子杂解》《文集》各一卷。

〔2〕语出《诗经·周颂·维天之命》"维天之命，于穆不已。于乎不显，文王之德之纯"。

〔3〕语出《论语·雍也》"回也其心三月不违仁，其余则日月至焉而已矣"。

〔4〕李光地（1642—1718）：字晋卿，号厚庵，别号榕村，福建泉州府安溪（今福建安溪）人。清代理学家，康熙朝四大汉族名臣之一。晚年奉旨修《朱子全书》及《周易折中》。

译文

游酢说：君子在道德修养上达到至诚的境界长久不间断，这也是天体运行的刚健之德的表现，就像文王纯粹干净的品德。不能够做到永不停止但是能够做到坚持不懈，这就是君子的奋发图强，就像颜渊能做到在几个月的时间不离开仁，能处于仁的境界。

┃解析┃

现实中君子的自强固然不能做到如圣人那般随心所欲永不止息，但也能坚持不懈，不言放弃。范仲淹幼年丧父，家境贫寒，生活十分艰苦，但他仍坚持读书、手不释卷。他每天的饮食仅一把糙米，煮粥冷却后分成四块，早晚各两块，"划粥割齑"正是对他早年刻苦读书的生动写照。艰难的少年时代并没有影响范仲淹的忧国之志，他一生为官清廉，将国家人民放在首位，其名言"先天下之忧而忧，后天下之乐而乐"更是对后世影响深远。

重乾之卦，象天道之流行而不已也。以形言之，则日日而周；以气言之，则岁岁而运；以其命而言之，则於穆不已〔1〕者是已。《传》〔2〕取天行之显为言，则气与命在其中矣。至诚无息〔3〕，则天矣；自强不息，所以希天〔4〕也。

——清·李光地《周易观象》

注释

〔1〕於穆不已：指代天道美好肃穆，运行不止。语出《诗经·周颂·维天之命》"维天之命，于穆不已"。

〔2〕《传》：即《易传》之大象辞。

〔3〕至诚无息：达到至诚的境界且永不止息。语出《中庸》第二十六章。

〔4〕希天：效法天道。语出周敦颐《通书》"士希贤，贤希圣，圣希天"。

译文

两个三爻乾卦重叠而成的六爻卦象描摹的是天道流行不已的情况。从形上看，天道流行表现为每天都有白昼黑夜相交替；从气上说，天道流行表现为岁岁更迭；从命上说，天道流行表现为王者的代代相传。《象传》讲的是天道在人身上的显现——自强不息，人只要做到自强不息，便符合了天之气与命。天是至诚无息的，而人之自强不息，正是法天之道。

解析

李光地从形、气、命三个方面形象展示了天流行不已的表现，并反推出人只要效法天道以自强不息，便遵从了气与命，似有命定论意味。若我们将之理解为人只要自强不息，便回归了本真的气与命，看似命定，但其中有人之能动在起作用。亦即是说，天之命于人而言是纯善，人若想得到好命，要做的正是自强不息以回归纯善之命。君子一生的修身实践，由是成为一趟恢复其天真无邪本性的"回家"旅程。

此处李光地持性善论观点。关于人性的探讨，有性善、性恶、性无善无恶、性善恶混等诸多论点，几千年来争讼不断，难达共识。如果我们继续以自然科学的态度去求人之本性的一个客观真相，恐怕争论仍要继续，很难通过定量分析给人性做出一个善恶价值判断。在"天之命"的意义上来理解"人之性"与在人的生物学属性意义上来理解人性，是两套不同的认识系统。天命谓性、人性通天的观点有信仰根植其中，持此论者在推演宇宙生成的宏大视域下相信人性本善，这是一种对人性良善的信仰与做一个通天圣人的不懈追求，大大提升了人的生命境界，打开了人的生命格局。生之谓性、化性起伪的观点，则是经验观察的产物，这种经验观察是否可靠另当别论，但毕竟包含人类理性于其中。因此，关于人性的价值判断问题，其背后涉及的实际是在理性与信仰之间的选择问题。信仰能让人成为崇高道德意义上的人，理性则让人不至于脱离世俗社会。仁者见仁，我们此处不对人性进行善恶价值判定，但如何在理性与信仰的张力当中寻求平衡，为自己的人生找到安身立命之本，是我们都应该思考的一个问题，而且人人都应在这个问题上找到一个确定的答案。

天之运行，一日一周，健者，运而不息也。卦体上下纯阳，无一毫阴柔以杂之，故健在人为，无欲〔1〕则刚，君子以之自强不息，以者体易而用之也。

——清·查慎行〔2〕《周易玩辞集解》

注释

〔1〕欲：即人欲，因受外物诱惑而起的贪欲。

〔2〕查慎行（1650—1727）：原名嗣琏，字夏重，号查田，后改名慎行，字悔余，号他山，晚年居于初白庵，故又称查初白。杭州府海宁花溪（今袁花镇）人，清代诗人、文学家，为当代著名武侠小说作家金庸之先祖。是诗坛"清初六家"之一，对清初诗坛宗宋派有重要影响，为中流砥柱、集大成者，其诗现集于《敬业堂诗集》。

译文

天体运行，以一天为周期，正因为（它）的刚健，（所以）其运行从没有止息。乾卦上卦下卦全是阳爻，没有一个阴爻掺杂其中，所以强健是人为勉力为之，而没有物欲侵扰则表现为刚直，君子要像这样做到自强不息。"以"字即言明君子是真正体悟并使用《周易》。

解析

乾卦是由六个阳爻组成，也是六十四卦中最阳刚的一个卦，而人效法刚健之德需要做到刚正不阿、自强不息，这也是《周易》在日常生活中的使用，而在现实生活中能够做到这点的人也往往受人尊敬。

　　比如以断案高手著称的狄仁杰一生刚强正直，即使冒着被皇帝降罪的风险也要正义进谏，这一行为让人敬佩。再如包拯一生断案无数，铁面无私，不畏强权，多次上疏弹劾高官污吏，一生清廉，政绩无数，深受百姓爱戴，由他改编的断案故事更是广为流传，又被人们称为"包青天"。

"自强"者，不自委靡〔1〕之意。"不息"者，无时不然之理，即谓鼓舞振作。此无时不然之机，欲与"于穆不已"〔2〕同其健运耳。然止是法乾，不是法天。"自强"与"行"字对，"不息"与"健"字对。"行而健"者，在天自然之乾。"自强不息"者，在人勉然之乾。若说作自强之不息，毕竟"自强"二字虚，而所须吾之自强者何事也？

——清·胡煦〔3〕《周易函书》

注释

　　〔1〕委靡：困顿不振，意志消沉。

　　〔2〕穆：庄严粹美，深远宁静的美。不已：不止，指天道运行无止。於穆不已：代指天道，语出《诗经·周颂·维天之命》"维天之命，於穆不已"。

　　〔3〕胡煦（1655—1736）：字沧晓，号紫弦。河南光山县南向店乡老虎山人。一生著述甚多，主要有《周易函书》五十卷，《释经文》四十九卷，《约图》《孔朱辨异》《易学须知》各三卷，《篝灯约旨》十卷（续二卷），《卜法详考》四卷，《约注》十八卷（续十六卷），计一百五十八卷。

译文

　　"自强"，即自身不有衰败消沉的心意。"不息"，即指无时无刻不是如此，也就是永远保持精神饱满、情绪高昂、奋发振作。无时无刻都保持高昂振奋的状态，是想要同美好肃穆、永不停歇的天道那样拥有刚健的品德。然而这仅仅是效法乾卦，而不是效法天。自强与"行"（运行）字相对应，不息与"健"（刚健）这个字相对应。"运行不止而永远保持刚健"，这是天自然而然的乾进过程。"奋发向上永不停止"，这是人勉力奋进的过程。如果说做到永不停息地奋发进取，但是（只说）"自强"两个字终究有点空虚，那么（具体）哪件事是需要我做到自强的呢？

▌解析▐

胡煦此段在前半部分着重解释自强不息之内涵，在后半部分就天与人的区别提出疑问：对于天来说，运行不止的刚健是自然而然发生不需要任何力的推动的，而自强不息却是需要人们勉力而行，要做到一直奋发图强并且永不停止，到底需要我们做哪件事呢？毫无疑问这不是指人的事业追求，事功并非贯穿我们生命始终，至少人在幼年、老年是无法做到的。只有对道德、对善的追求才能够伴随人的一生，无论年纪几何，都能够实现对道德境界的孜孜追求。

2021年河南水灾引起了全国人民的关注，大家关注灾情、关心灾区人民的救援安置情况，但在如此大流量的关注下，却有一些人打起了歪脑筋。有的人在抖音、微博等社交媒体上发布视频，假扮灾民骗取钱财；有的人标新立异、想要用辱骂灾区人民的方式博取关注；更有甚者，新乡的网红团队偷走救援队的救生艇拍视频，救生艇寻回后艇身损毁严重，对救援队的救援工作造成巨大影响。在人命关天的紧张时刻仍有不少人闹出这种幺蛾子，可见社会道德建设任务任重而道远，而弘扬道德精神，勤而行之是我们建设文明社会的必由之路。

君子以天行之健反求诸身，谨信闲存，忠信立诚，忧勤惕厉，念念不忘，则至诚不息，而天行之健在我，又何有于凶悔吝咎〔1〕之至哉？然曰"自强不息"，自强孰不可能，不息孰不可勉，则夫子责备斯人之意为深切矣。其余六十三卦之象义皆同此。

——清·王心敬〔2〕《丰川易说》

注释

〔1〕凶悔吝咎：《周易》中象征不好的占辞。

〔2〕王心敬（1658—1738）：字尔缉，号澧川，陕西鄠县石井阿福泉欢乐谷人。清朝理学家，曾在江汉书院讲学。著有《丰川全集》二十八卷、《续集》三十四卷、《诗说》二十卷、《尚书质疑》八卷、《礼记汇篇》八卷、《春秋原经》二卷、《关学编》五卷、《丰川易说》十卷等。

译文

君子用天体运行的刚健之德要求自己，约束自己保持恭谨诚信，做到忠诚建立诚信，还要担忧不够勤奋，警惕谨慎，时刻不忘，如此正是极致诚恳、无所停息的表现。并且天体运行的刚健之德就存在于我的身上了，又怎么会有凶险艰难过失后悔这样的情况发生呢？然而说自强不息，哪个人不可能做到自强，哪个人不能够勉力做到不止息，那么夫子责备的就是不能做到自强不息的人。其余六十三卦的卦象含义都和这个相通。

┃解析┃

　　作者认为君子应该效法天体运行的刚健之德，具体而言就是要时刻谨记保持恭谨诚信、努力勤奋、警惕谨慎，如此就能获取刚健之德。如此的看法就对君子提出了具体的要求，而这也是我们所大力弘扬的主流价值观。

　　古有商鞅徙木立信、车胤囊萤照雪、越王勾践卧薪尝胆，诸如此类承载着刚健之德的例子千百年来传颂不衰。直到今天，这些传统美德与现代所提倡的社会主义核心价值观仍旧相契相合，历经岁月的洗礼依然经久不衰，成为我们的精神指南。

《象传》明之曰："天行健，君子以自强不息。"内外卦〔1〕皆乾，以象天，象天之体，在象天之行中见之也。天行至健，无一时之不行也。圣人体乾则〔2〕天，自然其德之纯如天之行不已也。君子则希天希圣，自强焉而已。自强其心以立德，自强其智力以建业，久则如圣人之纯德矣。斯能希圣之不已矣，斯能希天之健行于不已矣，天地、圣人、学易之君子亦分三层方明也。

——清·魏荔彤〔3〕《大易通解》

译文

　　《乾·大象》："乾天之运行周而复始，永无止息，刚健强劲，君子应该效法其道坚志强意，奋发进取，绝不停息。"六爻乾卦由两个模拟天的三爻乾卦组合而成，模拟的是天体流行之象。天体流行，无时无刻，未尝间断。圣人效法天道，其德之纯粹自然便与天体运行那般不息不止。君子效法天道圣贤，自强修身。修心立德，强智建业，修行日久，便也能修成圣人德性。君子在坚持不懈的状态下能够达到圣人之境界，也能够在自强不息中获取天行之刚健，只有把天地、圣人、君子分为三层才能说明君子与天的关系。

解析

魏荔彤强调天地、圣人、君子的层级关系，道理虽对，但并无必要。我们的修行实践，应当追求与圣人、天地的一体贯通，而非分析诸多差别。因此，我们倾向于强调君子、圣人、天地分为三层而趋于一体。由君子向天地趋于一体才是"天行健，君子以自强不息"推天道明人事的要义所在。事理凭借分析而明，大道则须在贯通混沌中体悟，学者不可不明辨之。分析事理能够让我们增长知识，体悟大道则能够让我们打开格局、提升境界、获得智慧。

天行健，乾象君子，谓学易者自强不息，体乾也，即法天也。天一日一夜一周万古如此，此行之健也。象乾不仅曰天，亦不仅曰健，而曰行，则乾之形体性情俱着，而纯阳[1]一元[2]之理尽见，即元亨利贞之四德[3]亦毕具于其间。学《易》者体此而静专动直，无时间断，则天德之刚在我，而长人之仁，嘉会之礼，利物之义[4]，乾事之知，浩然流行矣。士希贤而希圣以希天[5]，莫切于此。何以主之？曰：诚。何以入之？曰：致知力行。

——清·晏斯盛[6]《易翼说》

注释

〔1〕纯阳：乾卦由六个阳爻组成，是六十四卦中唯一纯阳之卦，有乾乾奋进的向上之态。

〔2〕一元："乾为天，为父"，万物皆并禀受于天而被赋予生命，即《乾·彖》所言"万物资始"。

〔3〕参见《乾》之卦辞"乾，元亨利贞"。元、亨、利、贞为乾卦的四德。

〔4〕参见《乾·文言》"元者，善之长也；亨者，嘉之会也；利者，义之和也；贞者，事之乾也。君子体仁足以长人，嘉会足以合礼，利物足以和义，贞固足以乾事。君子行此四德者，故曰：乾，元、亨、利、贞"。

〔5〕希：效法。参见周敦颐《通书》"圣希天，贤希圣，士希贤"。

〔6〕晏斯盛（1689—1752）：清朝官吏，江西新喻（今江西省新余市）人，字虞际，一字一斋。著有《楚蒙山房易经解》，即《四库

全书》所收之《学易初津》《易翼宗》《易翼说》，唐鉴称其"不废象数而无技术曲说，不废义理而无心性空谈，在近日《易》家犹为笃实近理"。

｜译文｜

天体运行刚健，乾卦与君子有关，意指学习《周易》的人应该做到自强不息，践行乾卦就是效法天（的运行）。天一昼一夜而成一个周期，万年以来都是这样运行，这种运行十分刚健。乾卦取象于天，不仅点明其刚健的特点，还强调它的运行，如此一来，乾卦的形状本体性情都附着其中，且纯正阳性的道理也已展现出来，元亨利贞四种品德展露无遗。学习《周易》的人践行乾卦应该做到在宁静时专一，在变动时刚直，不在任何时候间断这一点，那么天德的刚健也就在我身上存在了，而诸如为人之长的仁心、集合美好的礼仪、利人益物的义等乾阳的智慧亦在我的行为中表现推广开来。士人希望学习贤人的品格，进而学习圣人的行为以至于合乎天道，没有什么能和这种说法更加贴近了吧。其中什么是主要的呢？答曰：诚。怎么能够合乎诚？答曰：注重丰富学识、努力行动。

｜解析｜

作者先介绍了天行刚健、乾卦中元亨利贞的纯阳之理，并指出学习《周易》的人在日常生活中如何效法这些纯阳之理，比如做到静专动直、施行仁义之道、合乎礼仪等。而人法天、天法乾，这实际上和"士希贤""圣希天"的说法类似，在这里面起决定性作用的是诚，要想合乎诚则需要做到致知力行，也就是要做到学习知识、明白道理并努力践行。现在大多数人都接受了教育，但并非所有人都能做到学以致用。若不能"诚于中"必然也无法做到"行于外"。

"闲邪存诚"〔1〕最为平实，却是自强不息之要，开千古学问之门。

——清·晏斯盛《易翼宗》

注释

〔1〕闲邪存诚：出自《乾·文言》"龙德而正中者也。庸言之信，庸行之谨，闲邪存其诚，善世而不伐，德博而化"。

译文

避免邪念发生、长久保持天性的真诚恻怛，这是最为平实的道理，却是自强不息的要点所在，自强不息就是要不间断地使天性流行。数千年来的学问家所面临的无非是如何"闲邪存诚"的问题。

解析

起心动念都是天性的坦白呈露，邪念便无从产生。而且这不是一劳永逸的，要念念都是天性的直接呈露才行，功夫不可间断。晏氏以《文言》"闲邪存诚"四字点出《大象》"自强不息"的本质内涵，使文本内部实现了交流贯通，又将"闲邪存诚"归结为数千年相传之道统，足见其博古通今的学问功底与心意通天的灵性智慧。在后文中，焦循以《升》卦"不息之贞"挖掘出"不息"的功夫指向，告诉我们"自强不息"需要永不停息地持守正道；晏斯盛的诠释，则可以说进一步揭示出正道的内涵，"闲邪存诚"即是持守正道。

晏氏比焦氏早生七十四年，其对"自强不息"四字的见解却可使焦循的认识在逻辑上有所推进，由此可见，古人智慧、中华经典、中华优秀传统文化，确乎可以成为当今文化发展的源头活水、社会治理的智库宝藏。

《彖》、爻皆言卦德〔1〕，《大象》乃实以象言"行健"天命之不已也；人则人欲间之，故不能。"不息"在自强而已，终日乾乾〔2〕，可也。

——清·陈法〔3〕《易笺》

注释

〔1〕卦德：卦体所体现出的性质和特征。

〔2〕语出《乾》之九三："终日乾乾，夕惕若厉，无咎。"

〔3〕陈法（1692—1766）：字世垂，一字圣泉，晚号定斋，清朝贵州安平（今贵州省安顺市平坝区）人。清代乾隆年间著名学者、治水专家。一生著述颇丰，内容广泛，其所著《易笺》共八卷，为世人所称道，也是贵州唯一入选《四库全书》的学术专著。

译文

（乾卦的）《象传》和爻辞都是根据卦的性情特点发挥，《大象》则通过取象于天说明刚健之天运行不止。常人皆有人欲困扰，因而难以做到"不息"，唯有不间断地自强以去除私欲，方可做到"不息"。终日乾乾，日日警惕，正是自强之道。

解析

陈法从现实人情出发，体悟而得"不息"与"自强"的关系，人效法天之不息，功夫在自强。而所谓自强，在陈法的诠释中被限定成针对"人欲间之"问题的"终日乾乾"功夫，亦即持敬。"终日乾乾"原是孜孜以求的积极功夫，和"夕惕若厉"这一戒慎恐惧的消极功夫共同构成功夫的两大面向，陈法将二者理解为互文关系，自是有所偏失，但他根据自身体悟而展开诠释这一以己注经的方式却值得肯定。虽然由于其自身境界的局限性，未能体得圣贤乾乾之道，却也将经典读进了现实人生，相信"自强不息"一语对于他的修身实践曾经或多或少发挥过作用。

天行健，君子以自强不息。

〔注〕：消息之卦[1]，故曰"天行"。乾，健也，故曰"天行健"。君子谓三[2]，乾健故强，天一日一夜运周一度，君子庄敬日强，故自强不息。"子路问强。子曰：'南方之强与？北方之强与？抑而强与？'"[3]而强即自强也。易备三才[4]，至诚无息，所以参[5]天地与。

〔疏〕：……君子法天之行，庄敬日强，故自强不息也。引《中庸》者，证自强之合于中和[6]也。子路问"强"，夫子反诘之曰："抑而强与？"而，女也。因告之曰："故君子和而不流，强哉矫！中立而不倚，强哉矫！"[7]是"强"有中和之义。君子法天之健，合于中和，即"至诚"之"无息"也。

——清·惠栋[8]《周易述》

注释

〔1〕消息之卦：在一个卦体中，凡阳爻去而阴爻来称为"消"；阴爻去而阳爻来称"息"。由乾、坤二卦各爻的"消""息"变化、相互推演而形成"十二消息卦"，即复、临、泰、大壮、夬、乾、姤、遁、否、观、剥、坤。

〔2〕三：即乾卦九三爻，"终日乾乾，夕惕若厉，无咎"。

〔3〕语出《中庸》第十章。

〔4〕语出《易·系辞下》："有天道焉，有人道焉，有地道焉。兼三才而两之，故六。六者非它也，三才之道也。"

〔5〕参：并立，此处指人若能达到至诚无息的境地，就可以同天地并列成三了。语出《中庸》第二十二章："可以赞天地之化育，则

可以与天地参矣。"

〔6〕中和：不偏不倚，无所乖戾，体用结合的境界。"中和"是中庸思想的核心内容，参见《中庸》第一章："喜怒哀乐之未发谓之中，发而皆中节谓之和；中也者，天下之大本也，和也者，天下之达道也。致中和，天地位焉，万物育焉。"

〔7〕语出《中庸》第十章。

〔8〕惠栋（1697—1758）：字定宇，号松崖，又称小红豆先生，江南元和（今江苏省苏州市）人。清代学者、藏书家，吴派汉学的代表人，学者惠士奇的儿子。治学以汉儒为宗，精于汉代《易》学研究。

▌译文▐

天体不停运转，十分刚健，人应该效法天，奋发图强、永不止息。

〔注〕：卦体的消或息都对应着天体的运行变化。乾卦代表刚健，所以乾卦《大象》强调天体运行刚健强劲。君子即指九三阳爻，乾卦因为刚健所以强劲，一个白天一个夜晚即是天的一个周天，君子每天庄重恭敬就会日渐强健，所以能够做到奋发图强、永不止息。"子路问什么是强。孔子回答说：'是南方的强？还是北方的强？还是你认为的强呢？'"强就是自己奋发图强。《周易》中完备天、地、人三才，君子只有在道德修养上达到至诚境界，不虚假做作，自然能长久不间断，与天地并立成三。

〔疏〕：……君子效法天体的运行，每天做到庄重恭敬，日渐强健，所以能够做到奋发图强、永不止息。这里引用《中庸》来证明自强合于中和之道。子路问什么是强，孔子反问："是你认为的强吗？"这里的"而"是"你"的意思。接着孔子告诉子路说："君子和顺但是不随波逐流，这才是真正的强！保持中立但是不偏不倚，这才是真正的强!"所以"强"蕴有"中和"之意。君子效法天体运行的刚健之德,实则是与中和之道相合,也就是君子在道德修养上达到至诚的境界,做到长久不间断。

▎解析▎

　　阴阳之气,增强为"息",减弱为"消",古人根据一年四季阴阳消息的变化,用"十二消息卦"代表十二月,因此消息之卦也代表了天的运行。中为不偏不倚、无过无不及;庸者,用也。中庸即是强调用中之道。而"中"与"和"相辅相成,互为体用关系,"中也者,天下之大本也;和也者,天下之达道也"(《中庸》第一章),因此中庸之道也可以理解成中和之道。作者此处引用《中庸》就是为了证明自强是合于中和之道的,真正的强"和而不流""中立而不倚",很明显这些"强"中都蕴含了"适度"这一理念且合乎自然之理,即中和之道。由此他提出君子效法天行,不仅需要做到自强不息,还要合于中和之道,进退有度,如此才能够与天地并立。

检讨臣〔1〕张日誉

然圣人全体一诚，君子欲臻〔2〕。夫诚端由自强不息始，而自强之道则必合动静，以致其功。意念初萌善恶攸分，《大学》之言"独"〔3〕，《中庸》之言"隐微"〔4〕，《通书》之言"几"〔5〕，皆谓此也。

——清·蒋溥、刘统勋《御览经史讲义》

注释

〔1〕检讨臣：官名，主要负责掌修国史，明清时隶属翰林院，位次于编修。

〔2〕臻（zhēn）：达到美好的境地。

〔3〕独：独处之时，即《大学》所言"慎独"。

〔4〕隐微：隐秘细微之处，语出《中庸》第一章："莫见乎隐，莫显乎微，故君子慎其独也。"

〔5〕几：语出周敦颐《通书·诚几德第三》："几，善恶。几者，动之微，善恶之所由分也。盖动于人心之微，则天理固当发见，而人欲亦已萌乎其间矣。此阴阳之象也。"

译文

翰林院检讨：张日誉

圣人全都践行一个"诚"字，这是君子想要达到的境界。"诚"是从自强不息开始的，而必须动静结合才能达到自强之功夫。意念刚开始萌发有善恶之分，《大学》中的"独"，《中庸》中的"隐微"，《通书》中的"几"，都是在说意念初萌善恶的状态。

▌解析▐

作者认为圣人之"诚"是君子的理想追求目标，"诚"从自强不息开始，若想践行自强，一定要动静结合。而"有善有恶意之动"，意念刚开始萌发即有善恶之分，此时亦是动静结合之处，《大学》《中庸》《通书》中都对这种状态有所描述。之所以注重意念产生时善恶的区分是因为人的行为起始于意念，而对善恶的分辨也往往依据动机。如果你的意念是善的，你的行为也会随着你的心意为善，反之你的意念是恶的，你的行为不自觉走向恶，由此可见意念萌发之时，善恶之分的重要性。因此我们应该随时反观自心，若心中产生恶念要及时排除，使内心纯净，不与恶念相杂。

自强不息　厚德载物

乾象为天，两乾相重有天行，一日一周而日日一周之象，运行无穷，万古不息，何健如之。健者，诚也，所谓"诚者，天之道也"。体乾之君子，以天行为行，一心之中天理流行，有一毫人欲之间，则息矣。克己贵强，为仁由己〔1〕，贵自强；自强则健在我，而与天同其不息。不息，亦诚也，所谓"诚之者，人之道"也。自强，象乾道之健；不息，象乾上有乾。《大象》六十四卦皆言"以"，所以教人体易而用之之法也。

——清·傅恒〔2〕《御纂周易述义》

注释

〔1〕为仁由己：施行仁德全在于自己。语出《论语·颜渊》："克己复礼为仁。一日克己复礼，天下归仁焉。为仁由己，而由人乎哉？"

〔2〕傅恒（1722—1770）：字春和，满洲镶黄旗人。清朝外戚、名将，撰有《钦定旗务则例》《西域图志》《御批历代通鉴辑览》《周易述义》《西域同文志》等。

译文

乾之卦象模拟的是天，两个三爻乾卦重叠而成六爻乾卦，模拟的是天之运行。一个白天一个黑夜是天运行的一个周期，每日天都会运行一周，日复一日，永无止息，这便是"健"的体现。毫无阻碍地运行不已，亦叫作"诚"，所以《中庸》说"诚者，天之道也"。体悟到乾卦实意的君子，遵循天行之"健"，将之落实为人心之"诚"，坦白地面对自己的天性。所谓坦白，指没有任何私意干扰，毫无阻滞。人心至诚，便能使天性在人生的所有行为中获得恰当呈现，这与天道运行不息相一致。克己与自强，重心应该放在自强，自强便可不息，不息则私意无从产生，天性得以直接表达。这就是《中庸》所言"诚之者，人之道也"，诚于天道，坦白面对天性，是人之道。自强是乾道刚健在人身上的显现，不息是对乾上有乾所模拟的天上有天的天之更迭运行状态的描述。六十四卦的大象辞皆用"以"字进行引申，是在教人体《易》用《易》之法。

▌解析▌

傅恒将天的运行形象地揭示为日夜交替，使得"不息"与"健"互训，同时联系《中庸》"诚者"与"诚之者"之言，将天行之"健"与"诚"联系，贯通了天道与人道。人道自强，乃是天道之"诚"的必然要求，自强不息方能诚于天性，不被私意干扰。

乾，天也，故言天。天行无息〔1〕，以其至健。君子法天，在乎自强。自强有迹〔2〕，故未可言无息，而言"不息"〔3〕。

——清·郝懿行〔4〕《易说》

注释

〔1〕无息：指天体的运行状态悄无声息、无有止息。

〔2〕迹：痕迹。指自强是人勉力而行的过程。

〔3〕不息：坚持不停歇。

〔4〕郝懿行（1757—1825）：字恂九，号兰皋，山东栖霞人。清代经学家、训诂学家，对于《尔雅》研究颇深。著有《尔雅义疏》《山海经笺疏》《易说》《书说》《春秋说略》《竹书纪年校正》等。

译文

乾道即是天道，所以乾卦以天为其卦象。天道运行周而复始，永无止息，乃因其有刚健强劲之特性。君子效法天道，重点在于效法天的刚健之道，修身自强。自强要不停用困勉功夫，故言"不息"。天道运行"无息"，无须费力，与人的自强之道大不相同。

解析

郝氏通过对天人之间的差别进行考察，指明了君子法天的重心所在。天道运行悄无声息、无有止息，好比生知安行的圣人，随心所欲便可无咎，在任何情境都能得心应手、如鱼得水。但常人不行，尚且需要孜孜不倦利用困勉的功夫方可达至圣人境界。"无息"

兼具悄无声息之义，人之自强是勉力而行的过程，有迹可循，所以于人道而言，效法天道须"自强不息"而非"无息"。而且即便修到圣人境界，也仍须继续用功，当然此时的用功应不太费力了。

"天行健"：乾之健在行，惟行故健。"君子以自强不息"：刚居五称君子；以，用也，即用九、用六也；二五先行称自〔1〕，惮于行则息，不息则健也。

——清·焦循〔2〕《易章句》

注释

〔1〕二五先行：二爻和五爻分别居上卦与下卦中位。焦循认为，当二爻和五爻两者率先互换，为当位之动，当位则吉。

〔2〕焦循（1763—1820）：清代哲学家、数学家、戏曲理论家，字理堂，一字里堂，江苏扬州黄珏镇人。于经史、历算、声韵、训诂之学都有研究，著有《里堂学算记》《易章句》《易通释》《孟子正义》等。

译文

乾阳之所以能够具备刚强健劲的品质，在于其周转流行、永不衰竭的运动，只有运行不息方可称之为"健"，所以"天行健"，其"健"在"行"。乾卦九五为君位，刚爻居九五之位，故称为君子。"以"是《象辞》对"用"字的解释，故可互训。"用"在乾坤二卦中为"通"字意，比如"用九""用六"乃"通九""通六"之意，意为全卦皆为阳爻或阴爻。九二爻和九五爻分别以阳爻居上卦与下卦中位，中位即君位，故九二与九五皆为君子，所以称"自"。二爻与五爻是相应之位，两个相应之位的易变，便模拟了君子之行，君子从一个生活情境走进另一生活情境。如果君子害怕改变当前所处情境，不愿与时偕行，不愿行动，便是止息，止息则不健；只有积极行动起来，与时偕行，才能"健"，具备刚强健劲的品质。

解析

　　焦循其实是想通过诠释《象辞》"天行健，君子以自强不息"一语来证明其《易图略》卷三《时行图第三》所作"时行图"对于解易的有效性，旨在还原《象辞》与卦象之间的关系。于是，"君子以自强不息"被他还原成卦象当中九二与九五的不断爻变。这样的解读虽然无法直接揭示《象辞》推天道明人事的要义，但倘若我们能够认识到卦象是对现实情境的模拟，这时再结合焦循的诠释，便可把握到《象辞》的精髓，同时也能把捉到焦循对于此句《象辞》真意的认识。焦氏以"行"解"息"，将"天行健"与"不息"相联系，天行健顺不已，效法天道的君子则应自强不息。他认为要点在"行"，在不耽于现状、与时偕行、精进不已。

自强不息　厚德载物

《乾·传》云："君子以自强不息。"此"不息"，即用《升》上六〔1〕之"不息"。

——清·焦循《易通释》

注释

〔1〕《升》上六：即"冥升，利于不息之贞"。

译文

乾卦《大象》所云"不息"，与《升》卦上六爻辞之"不息"的表义相同。

解析

升卦上六爻辞的"不息之贞"，即永不停息地持守正道。如此，所谓自强，便是要持守正道。焦循将《乾》卦《象辞》与《升》卦爻辞联系起来，实现了经传互释，挖掘出"不息"的功夫指向，为君子点明功夫下手处，可谓力透纸背。

王氏童溪〔1〕曰：尧兢兢日行其道〔2〕，舜业业日致其孝〔3〕，自强也。周公戒成王以《无逸》〔4〕，伊尹勉太甲以日新〔5〕，非自强也，有以使之也。虽然，安而行，利而行，勉强而行，及其成功，一也，又乌知人之非天哉？

——清·欧阳厚均〔6〕《易鉴》

注释

〔1〕王氏童溪：即王宗传，福建宁德人，字景孟，号童溪。宋孝宗淳熙八年（1181）进士，学问渊博，尤精于《易》，著有《童溪易传》。

〔2〕参见《论语·泰伯》"子曰：'大哉，尧之为君也！巍巍乎！唯天为大，唯尧则之。荡荡乎！民无能名焉。巍巍乎！其有成功也；焕乎，其有文章！'"

〔3〕《尚书·尧典》岳评价舜："瞽子，父顽，母嚚，象傲；克谐以孝，烝烝乂，不格奸。"

〔4〕《无逸》：出自《尚书·周书》，相传为周公劝诫成王所作。

〔5〕日新：即"终始惟一，时乃日新"，出自《尚书·商书·咸有一德》。

〔6〕欧阳厚均（1766—1846）：字福田，号坦斋，安仁人。曾就读于岳麓书院，嘉庆二十三年（1818）被聘为岳麓书院山长，连续掌教达27年之久。主持编辑岳麓《诗钞》三十五卷、《文钞》十八卷、《词赋钞》四卷、《课艺》十六卷、《岳麓山长传》四卷，晚年著《易鉴》三十八卷等，其全部著作皆收录在《坦斋文集》中。

║译文║

王童溪认为，尧终日所行不离王道，舜兢兢业业坚守孝道，都是自强的表现。但是，诸如周公著《无逸》告诫成王，伊尹以"终始惟一，时乃日新"勉励太甲之类，不可称之为"自强"，不过是依靠外人的推力罢了。即便如此，安行、利行和勉行三者虽各有不同，只要能够达成最终目的，那么也算是殊途同归，都可以看作"自强"的行为。如此一来，又怎么能说人不是天呢？

║解析║

孔子有言："生而知之者，上也；学而知之者，次也；困而学之，又其次也；困而不学，民斯为下矣。"（《论语·季氏》）人之禀赋、层次各有不同，所以各人之"知"之"行"也有所区别：生知安行、学知利行、困知勉行。孔子又云："或生而知之；或学而知之；或困而知之：及其知之，一也。或安而行之；或利而行之；或勉强而行之：及其成功，一也。"（《中庸》第二十章）虽然生知安行的圣人天然与至诚无息之天最相契合，但学知利行、困知勉行者也能希贤希圣希天，虽不能与天齐同，所作所为亦可谓之"自强"。王童溪借用《中庸》之言，意在点明，"自强"之重点在于主观能动性，在于明确希天明道的目标以及孜孜不倦的坚持。就如同上山的路有无数条，无论身在哪条道路，只有坚持不懈勇往向前，最终才能够享受山顶的风光。

第二篇

厚德载物

本篇集中了历来众多学者对『地势坤，君子以厚德载物』的剖析拓展。学者一致认为，坤地因其深厚方有其形势之顺，故而君子效法坤地之顺，而悟得厚德载物之理。虽然对于此『君子』的理解各有不同，但都强调养『德』的重要性，通过不断的培养、积累，才能够形成深厚的德行以承载万物。换而言之，厚德载物强调以『民吾同胞，物吾与也』之同情心来处世，面对世界，生发出『为天地立心，为生民立命』的豪迈气魄和责任担当。

地无不载〔1〕，势顺而上承于天〔2〕，君子修博其德〔3〕，而当承上之事也。

——春秋·卜商《子夏易传》

注释

〔1〕载：承载。

〔2〕势：指地和顺连绵的气势，也指大地起伏高低的形势。顺：随顺，顺应。承：顺承。参见《坤·彖传》"至哉坤元，万物资生，乃承于天。"

〔3〕德：即坤地顺承包容的德行。

译文

至大无际的坤地负载万物，没有什么不能被它承载，其气势顺应而上秉承于乾天之意。君子依照坤地的形势，修养自身的德性，使自身的德性广博、扩大，从而能够担当顺承天道的事业。

解析

《坤·大象》曰："地势坤，君子以厚德载物。"坤卦的卦象体现出大地的形势和德性，那就是能够顺应、承接天道，让天道的事业在下得以成形、实现。大地的能力是负载万事万物，让万物得以在其上生长。之所以能做到这一点，是因为大地有着博大、深厚的德性。这种博大深厚的德性给予了万物得以生长的空间和养料。所以君子要效法大地，不断修习、加深自身的品德，这样才能像大地一样承载起天道的意志，将其实现出来。具体来说，就是臣子应当不断修养、加强自身的品德和能力，以辅佐君主，让君主的意志能够推广和实现出来。

天圆地方〔1〕，是形不顺也；其势承顺天道之常，故曰"地势坤"也。君子当须以容厚〔2〕为德，包载万物，象地之道广育也。

——唐·史征《周易口诀义》

注释

〔1〕天圆地方：古代科学对宇宙的认识，"盖天说"认为"天圆如张盖，地方如棋局"。从天与地的形状延伸，认为天和圆一样象征着运动不止，地如方那般静止不动。

〔2〕容：包容。厚：厚重，深厚。

译文

天是圆的，地是方的，从形状上来看，地并不是和天顺应一致的。但大地的势态是承接、顺应乾天的恒常之道，所以说，"地的势态就是坤卦"。君子应当以宽容、敦厚为美德，包含承载万物，像坤地之道那样广阔博大，孕育万物。

解析

古人仰观俯察，看到天上的事物所做的是圆环状的运动，地上的事物所做的是直线状的运动，故而认为天是圆的，地是方的。天地的运动表现出不同的形状，这是天和地的区别。天在上，地在下；天的圆形表现了一种圆满、崇高，相对于地来说有先在性。地居于下位，虽然和天的形状不同，但地上万物的活动都要合于天体的运动，随着天体运动的节律而进行。可见，地的势态必然是承接、顺应天道的。天地的位次有所区别，天处于在先的、领导的位次，地处于在后的、服从的位次。虽然形状、位次不同，但天的精神意志能够被地完满地承接和实现出来，从这个方面来看，地与天是一致的、合顺的。君子必须培养像大地一样宽容、敦厚的美德，这样才能感知、把握天道，从而顺应天道。

正义曰：君子用此地之厚德〔1〕，容载万物。

——唐·孔颖达《周易正义》

注释

〔1〕厚德：深厚的德行。正因为大地的厚重无疆，方能承载万物、滋养万物。所以六画坤卦为两地相叠，强调这种深厚的德行。

译文

《正义》说：君子发用坤地的这种深厚德性，容纳、承载万物。

解析

周易是"推天道以明人事"之书。《象》曰："地势坤。君子以厚德载物。"坤卦的大象辞明确地指示出君子观其卦象，应当学习大地能顺能承的德性，培养自己的德性使之同大地一般深厚，再以博大深厚的德性去容纳、承载万事万物。这样一来，君子将坤地之德性化为自身的德性，也就能够像大地顺承天道一样，与天道相感通，把握和顺应天道，达到天、地、人相通的境界。

自强不息　厚德载物

君子以厚德载物者，言君子之人，法地之道，以宽厚其德，使其器业〔1〕广大弘博、无所不容，以载万物；使万物无不得其所，皆如地之容载也。

——北宋·胡瑗、倪天隐《周易口义》

▌注释▐

〔1〕器业：指君子的气度、事业。《论语·为政》有记："子曰：'君子不器。'"暗指君子不应如器具那般受到局限，而要有宽广博大的格局。

▌译文▐

君子通过培养深厚的德性来容载万物，也就是说君子其人，通过效法坤地之道，增厚他的德性，使得自己的才能学识和事业广大弘博、无所不容，如此即可承载万事万物。处理事事物物，都让它们适得其所、恰到好处，就像大地容纳承载万物的状态一样。

▌解析▐

大地的德性是承载万物，为万物提供生存发展的空间和养料。具体表现为，一切事物在大地上都拥有适宜自身的生长之处。万事万物都能被大地所容纳，并且大地之上的一切都井然有序、安然和谐。立志做君子的人要效法大地，通过不断修炼、积累，扩充自己的德性和能力。如果说在地道之中，大地要承载的是自然界中的一切，那么在人道之中，君子要承载的就是人世间的种种事业。君子扩大自身的德性和能力，最终要达到像大地对万事万物所做到的那样，将人世间的事事物物都处理得恰当、和谐，让一切适得其所。

自强不息〔1〕，然后厚德载物〔2〕。故于坤也，"君子以厚德载物"，自强积德，以有载也。

——北宋·王安石《临川文集》

▌注释▐

　　〔1〕自强不息：坚强意志，奋发进取，绝不停息。语出《乾·大象》。

　　〔2〕厚德载物：不断增厚德行，容载万事万物。语出《坤·大象》。

▌译文▐

　　自强进取，不息不止，方能培养出深厚的德性来承载万物。所以就坤卦言，"君子要养成深厚的德性来负载万物"，需要发奋自强以积累德性，方能造就负载万物的能力。

▌解析▐

　　美好的德性不是凭空出现的，也不能一蹴而就，需要不断自强以累积。要养成深厚的德性，必须有一个不断的修炼磨砺、发奋进取的过程。因此，坤卦厚德载物的德性中蕴含有乾卦自强不息的精神，并且其德性的养成必须以自强不息为基础。正如《中庸》之言"不息则久，久则征。征则悠远，悠远则博厚，博厚则高明"，只有坚持不懈坚守自强，方能够有源源不断的累积，形成深厚的德行足以承载万物。坤卦的卦图自上而下都是中空的，体现了其始终持有包含、容纳事物的能力。但若想将这个能力实现出来，使事物真正进入中空之中，则要靠乾卦的奋发行进、健动不息之德。自强不息的乾阳不停地将生生之意带入坤阴之中，并由坤阴将其容纳和成就出来。所以，君子若要积累、扩大自身的德性，必须自强不息，让乾的精神和坤的精神不断地交流和循环。

坤道之大〔1〕犹乾也，非圣人孰能体〔2〕之？地厚而其势顺倾，故取其顺厚之象，而云"地势坤"也。君子观坤厚之象〔3〕，以深厚之德，容载庶物〔4〕。

——北宋·程颐《周易程氏传》

注释

〔1〕大：博大精深。《易传·系辞下》有言："乾坤，其《易》之门耶？"乾坤二卦是出入《易经》的门户，是《易经》六十四卦的根本，可见此二卦之博大精深。

〔2〕体：体悟，感悟。

〔3〕象：即卦象。坤厚之象：即坤卦两地相叠的厚重之卦象。

〔4〕庶物：万物，众物。

译文

坤道就像乾道一样博大、精深，除了圣人，还有谁能体味出来？大地深厚，而它的形势顺畅、倾伏，坤卦取用大地顺从、深厚的象，即是《周易》所言："地势坤。"君子观察体味坤卦深厚之象，涵养己身深厚的德性来包容、承载众物。

解析

圣人仰观俯察、观象取意。对于生活在世上的人来说，天地是最大的象，取象于天地的乾卦、坤卦，也蕴含着最大的道。大地的特性是深厚，它的样貌是顺畅、倾伏着的。因为有着厚的德性，地能够承载万物；因为有着顺畅、倾伏的形势，万物可以自由生长、

活动于地面而不受阻碍。大地极为深厚、极为广博，所以再高的
山、再深的湖、再宽阔的江海，都能容下。而同样地，对于人来
说，德性的深厚决定了其面对、处理事物的能力之限度。德性越深
厚，能把握住的事物就越多、越深。而当面对事事物物都能够得心
应手、进退自如时，坤之道就得以彻底发挥。此时，人与自然万物
通而为一，把握住至大无际的坤道，使得自身和众物都实现自由。
所以君子要仔细观察体味坤卦深厚之象，学习像大地一样用深厚的
德性来容载万物。

《象》曰："地势坤。"天动故言行，地静故言势〔1〕。君子以厚德载物，于国有不闻，于家有不见之谓〔2〕。

——北宋·张根《吴园周易解》

注释

〔1〕《乾·大象》："天行健。"《坤·大象》："地势坤。"

〔2〕厚：作动词，有加厚之意。载：承载。厚德载物：语出《坤·大象》"君子以厚德载物"，即君子效法地势增加自身德行以承载万事万物之意。于：作介词，表地点，相当于"在"。闻：作动词，听见。见：作动词，通"现"，显现、出现之意。

译文

《坤·大象》："坤卦取象大地的气势（能够包容万物）。"天道运行不止，所以乾卦效法天体周而复始、刚健有力的品格；地道安静和顺，所以坤卦强调大地海纳百川、包容万物的气势。君子（效法大地的气势）培养深厚的德性来承载万事万物，（又同大地一般保持低调）在国中不去宣扬自己，在家中不去显明自己。

解析

圣贤仰观天道，知自强不息；俯察地道，得厚德载物。乾坤二道，一天一地，一阴一阳，合为整体。"君子藏器于身，待时而动"（《周易·系辞传下》），不仅需要有乾天奋发上进的行动力，也需要效法坤地柔顺广大的包容力，即有锐意进取之阳面，亦有沉稳厚重之阴面。"古之学者为己，今之学者为人。"（《论语·先问》）君子坚志日新并不是为了向别人炫耀、夸赞自己，只是为了增强己身，一切尽在"自"之上。正因为效法了地道的和顺包容之道，所以方有"三人行必有我师"的谦逊之态，故而谨言慎行不骄不躁，力求朴实，毫无浮夸之举动。君子所表现出来的沉着稳重就如大地给人以踏实可靠之印象一般。

地盘而向乎上势，至顺也，故曰"地势坤"。"君子以厚德"者，所谓人法地故也。水之积不厚，则不能负舟；风之积不厚，则不能负天。君子所以负天下之至重而不输载者，亦惟厚德而已。

——北宋·耿南仲《周易新讲义》

译文

　　大地呈现出盘亘向上的趋势，它的形势是顺畅的极致，所以坤卦《大象传》说"地势坤"。"君子要积累深厚的德性"，这就是人效法坤地之道的表现。水的积累如果不够深厚，那它就不能负载起大船；风的积累如果不够宽厚，那它就不能负载起天空。君子之所以能够担负起天下种种事物而不失败，也是因为他如大地般的深厚德性。

解析

　　君子要效法坤地，培养丰厚的德性。世间凡是能承载起大事大物的，都一定是自身积累得极为丰厚的东西。君子以天下为己任，要负担起整个天下，也必须让自己的德性增长得极为深厚，才能有容量和能力来承载、把握天下之重任。

天高西北，地倾东南，以顺之。故水潦〔1〕有所归，而万物各得其所〔2〕。君子积顺德而至博厚，故能容载万物。

——宋·朱震《汉上易传》

注释

〔1〕潦（lào）：古同"涝"，雨水过多，水淹。

〔2〕各得其所：各如其所愿，后表示各个都得到适当的安排。

译文

　　天极最高处在西北方，大地就向东南方倾斜来顺应它。所以即使水流泛滥也有它的流向和归处，万物各自得到它们恰当的居所。君子积累顺的德性到了博大深厚的程度，所以能够容纳承载万物。

解析

　　古人观察到雨水降落在大地上之后，总是向东南方向流去，认识到地势总体是向东南方倾斜的。朱震此处的意思是说，昆仑山是天极，在西北方，西北天高，大地就向东南倾斜，这正体现出大地对天的顺应，"乃顺承天"。这样讲虽然可以理解，但稍显生硬拘板。地势之顺，不仅仅可以从地势上，即空间上来理解，还可以表现在时间上。天地运动带来季节、节气等的变化，地上的万物都要顺应天时的改变而变化自己生长收藏的状态，顺应天时的指令。这都是地对天意的顺承。

《乾·大象》曰："天行健，君子以自强不息。"《坤·大象》曰："地势坤，君子以厚德载物。"乾坤之道皆圣贤所取法也。天地者，乾坤之体也，乾健而坤顺。地势非止于顺，而大体则顺也。人臣非体坤之厚德，曷足以任重致远以当国之大事哉？

——南宋·李光《读易详说》

译文

乾卦《大象传》说："天的运行健动不息，君子从中得到启示，要自强不息。"坤卦《大象传》说："地的形势就是坤卦。君子效法大地的品德，以深厚的道德负载万物。"乾坤之道都是圣贤所取用、效法的。天地是乾坤的本体，乾刚健而坤顺从。地的形势并不是完全和顺，而从大体上来看是顺畅的。为人臣者若不能体悟坤的深厚德性，怎么能够担负重任、志达高远而担当起国之大事呢？

解析

古之圣贤观天地之象而明乾坤之大道。《坤·大象》言"地势顺"，重在强调大地顺畅的整体气势。君子效仿其顺，不是一味地顺承，而是能够求同存异。《论语》言："君子和而不同，小人同而不和。"君子追求厚重的德性以肩负承载万物的重任，在此过程中必然要求能够包容万民万物的个性，随顺自然，但是却不能失掉自身的个性，坚守本心，应是我以德化万物，而不是万物诱导着我。

"君子以厚德载物"，何也善？论大臣者，必曰力量何如。非力固不足以任天下之重，而所以养成其力量者，在厚德而已矣。德何为而厚乎？曰：至谦，至恭，至虚，至正，德之所以厚也。若是也，天与〔1〕之，人说之，合天人之助以立乎人之朝，其于在物也何有？坤体柔顺、谦恭、虚正所自生也，君子法之以厚其德。庄子曰："水之积也不厚，则其负大舟也无力；风之积也不厚，则其负大翼也无力。"〔2〕厚其贵乎！

——宋·张浚《紫岩易传》

注释

〔1〕与：赞同。

〔2〕语出《庄子·逍遥游》。

译文

为什么说"君子以厚德载物"讲得好呢？谈到大臣之道，一定会说到作为臣子的力量。如果能力不够稳固，就不足以担负起天下的重任，而养成自身承担天下重任的能力，就在于增厚自身的德性。怎样能够增厚德性呢？那就是要保持极致的谦逊、恭敬、虚心、贞正，德性由此得以增厚。如果能做到这样，那么天会认可他，人会喜爱他，聚合天人的资助而能立身于人世之朝堂，他在面对事物的时候还有什么难的呢？坤卦的本体柔和顺畅、谦逊恭谨，保持虚灵正直而自我发展，君子效法它来增厚自身的德性。庄子说："水的积累如果不够深厚，那它就无力托起大船；风的积累如果不够宽厚，那它就无力托起巨大的翅膀。"厚的德性是多么可贵啊！

　　乾道是为君之道，坤道是为臣之道。作为臣子，必须要有足够的能力来处理种种事物，将君主的意志得以实施出来。于个人而言，培养自己的力量，就在于要增厚自身的德性。增厚自身的德性，就在于时时刻刻保持自身谦逊、恭敬、虚心的状态。坤卦由六个阴爻组成，卦图的中心是空而通的，正是一个虚心而正直的象。只有始终保持内在的虚心，才能给美好的德性以进入自身、不断积累的空间。再者，对待外界的一切，都做到谦逊、恭敬，持一种虚心学习的态度，这样的人既能做好承天之道的准备，又能与众人保持积极和谐的关系。上天认可他、众人喜爱他，都愿意帮助他立身于朝堂之上，这正是坤卦六五爻所说的"黄裳、元吉"，君子有德有位、中正和美、富于文采，是最为吉利的状态。所以臣子之道一定要效法坤地，增厚自身的德性、培养自身的文采，进而得天人之助得以处于得心应手的完美状态。臣子若处在坤卦六五大吉的状态，那么他上通于君主，下通于庶民，从上到下整个人世间都能够有吉利的态势。所以要强调君子必须厚其德，厚是最终能够致于大吉的前提。

自强不息　厚德载物

天得乾道之大者，地得坤道之大者，圣人从其大者，故乾坤皆言天地，而六子之象〔1〕亦各举其大者明之也。《乾》言"天行健"，则知天得乾之健也；《坤》言"地势坤"，则知地势得坤之顺也。故君子法之，厚其德而无不载焉，古之人自任以天下之重者以此。

——南宋·郭雍《郭氏传家易说》

注释

〔1〕六子之象：指八卦除乾坤外其余六卦的卦象。震为雷，巽为风，坎为水，离为火，艮为山，兑为泽。

译文

天最能体现乾道之广大，地最具备坤道之精深，圣人从至大之处取意，所以用天地来讲乾坤。而八卦中其余六子之卦，也是各自去通过最具备它们的道的事物来言明。用"天行健"来讲乾卦，就能知道天具备了乾的刚健；用"地势坤"来讲坤卦，就能知道地是具备了坤的顺随。所以君子效法它，增厚自身的德性，以至于没有什么不能承载。古时的人自发地去担当天下的重任就是这样的。

解析

圣人用自然之中具体的事物，来表达蕴藏在不同卦中的抽象易理。乾坤二卦是为《易》之门户，所以乾坤之道在《周易》中是至关重要，而天地是世间最大的事物，天地的特性正对应着乾坤的德性。通过观察、体悟天地的特性，君子就能够理解乾坤之道，去把握和效法它。在坤道这一方面，就是君子要学习大地的深厚能载，体悟它承载着万事万物，使万物于其上成长发展的道理。将这个道理发挥到极致，就真正达到了以天下为己任的境界。

自强不息　厚德载物

地之力不厚，则载万物不胜其重；君子之德不厚，则载万民〔1〕不胜其众。势，力也。

——南宋·杨万里《诚斋易传》

注释

〔1〕载万民：君子效法坤地能承载万物的德行，但对于民众而言，君子之载并不是如大地那般承载托举，而是在思想层面的引导，即教化。

译文

大地的力量如果不够雄厚，那么它就负担不起承载万物的重量；君子的德性不够深厚，那么他就担当不住引导万民的重任。"势"，讲的就是力。

解析

这段分析认为，"地势坤"的"势"，说的就是力。坤卦象征着地势，有着如大地般雄厚的力量。若要负载万物，自身必须有足够的力量。就像举重运动员，想要举起的重量越大，就需要增长越多的力气。所以他们不停锻炼，就是要让自己的力气不断增加。力量足够大，自然能举起重物。这样一来，就相当于把君子的德性之厚理解为能力之大了。虽然能够说通，但在理解上似乎不够精细完整。

地，坤之象，亦一〔1〕而已，故不言重而言其势之顺，则见其高下相因之无穷，至顺极厚而无所不载也。

——南宋·朱熹《周易本义》

注释

〔1〕一：独一无二。朱熹在《周易本义·乾》即言："天，《乾》卦之象也。凡重卦皆取重义，此独不然者，天一而已。"在自然界中，天和地都是独一无二的存在，所以乾卦和坤卦的取象分别是独一无二的天和地。

译文

地是《坤》的卦象，地和天一样也只有一个，所以《大象传》在此不重复说地，而是说它的气势和顺，它高低相续绵延不绝的特征，同时又顺承乾天之意，极其深厚，没有什么是不被它所承载的。

解析

在《大象传》中，凡是对重卦（重叠两个相同的三画卦而成的六画卦）的说明，都要通过重复三画卦的象来解读。如《坎·大象》曰："水洊至，习坎"，水连续不断地流出来；《离·大象》曰："明两作，离"，光明接着光明升起来；《震·大象》曰："洊雷，震"，雷一个接一个地打；《艮·大象》曰："兼山，艮"，两山相并；《巽·大象》曰："随风，巽"，风与风相随；《兑·大象》曰："丽泽兑"，大泽与大泽相附。只有《乾》《坤》两卦没有说有两天、两地，朱熹对此解释说，这是因为"天一而已"，地"亦一而已"。天地都是广大无边的，不能说一个天再接着一个天、一个地再连着一个地，它们都是无穷的大"一"。表现为两个地卦相叠而成的六爻坤卦，是从它的顺畅绵延，进一步看出它的无穷无尽、辽远深厚。极致顺畅、广大、深厚的地只有也只能有一个，所以万物都被它承载于其上，没有任何疏漏，没有任何缺陷。

问："地势"犹言高下相因〔1〕之势，以其顺且厚否？

曰：高下相因，只是顺；若厚，又是一个道理。然惟其厚，所以上下只管相因去。只见得他顺，若是薄底物，高下只管相因，则侧陷了，不能如此之无穷矣。惟其高下柜因无穷，所以为至顺也。君子体之，惟至厚为能载物；天行甚健，故君子法之以自强不息；地势至顺，故君子体之以厚德载物。〇董铢录

——南宋·黎靖德《朱子语类》

注释

〔1〕相因：相互连续，接续不断。地上虽有高山、平原、河流、大海等分别，但是各地形都相互连接在一起，没有出现断层的现象。

译文

有人问："地势"指地形高低相接续的形势，是因为它顺并且厚吗？

朱熹回答说：高低相接续，只是因为其和顺的特性；若讲到厚实，则又有一番深入的道理。然而只有具备了厚的特性，上下高低才可以不断接续下去。如果只有顺这一点特性，若是以浅薄之物为基础，地形高低不断接续，那么就会导致倾倒、陷落，不可能像在大地上那样绵延无期。高低上下接续无穷，这是顺的极致。君子要细细体味这一点，只有厚的极致是能够承载万物的；天道的乾行最为刚健，所以君子效法它，奋发图强、健行不息；地道的形势最为顺畅，所以君子体会它，增厚德性、容载万物。（董铢录）

自强不息　厚德载物

▌解析▌

　　大地广袤无垠、高低相续、绵延不绝，是地德性之顺的体现。人生长在大地之上，对于地最直观的了解就是其广阔、绵延、高低起伏而又相续相接。但这仅仅是大地所显现出的表面特征。若是进行更深的体悟和思考，就会认识到：大地之上种种高低不同的地形地貌相接相续、绵延不绝，是要以其无比的深厚为基础的。因为大地的深厚没有尽头，它才可以让高下相因的顺的形态延展得无际。因为高下相因的地势是无边无际的，所以说地道的顺是顺的极致，是最大的顺。因为最大的顺必然要以最大的厚为基础，所以地道的厚是厚的极致。只有这样极致的地之德，才能够配极大的天之德。所以君子既要效法天，学习天极致的健动不息，又要效法地，学习地极致的深厚能载。

坤之所以为地者，以其顺也〔1〕。何以明地势之顺？说者皆以形势言之，非也。隤然〔2〕磅礴、无乎不载者，地之势〔3〕也。此其所以为至顺也，故君子以厚德体之。

——南宋·林栗《周易经传集解》

注释

〔1〕参见《周易·说卦传》"坤，地也"。"坤，顺也"。言明坤卦取大地为其卦象，取和顺为其卦义。

〔2〕隤（tuí）然：柔顺随和的样子。

〔3〕地之势：大地的气势。《坤·大象传》："地势坤。"《正义》引王弼注："地形不顺，其势顺。"地形高低起伏，非和顺平坦之态，之所以强调地顺的品质，主要在于地能包容万物的柔顺气势。

译文

坤卦之所以取象于地，是由于其和顺的性质。如何来解释地势的顺？很多人都用地形的态势来解释，但这不完全正确。大地安然自若、气势磅礴，没有什么不能承载。这是它之所以为顺之极致的道理，因此君子增厚自身的德性，来体会学习它。

解析

这段分析认为，地的顺的性质不应从它的起伏地形来解释，而是源于大地的安然自若、气势磅礴、无所不载。而地之所以能够承载万物，呈现和顺之貌，究其根本在于其对于乾天之意的顺承。天体运动，大地上的万物顺应天体的变化而做相对应的变化，这是地对天的顺承。大地承接天意，将无形的天意显现为有形，地之德就是顺天之德。

李子思曰：地之势最厚，坤者，厚之至也。天覆地，地载天。凡物居天之下者，地无不载焉。君子之德博厚配地，故亦能自任以天下万物之载。

——南宋·冯椅《厚斋易学》

｜译文｜

李子思说：大地的势态是最深厚的。坤，就是厚的极致。天覆盖着地，地承载着天。凡是存在于天之下的事物，没有不被地所承载的。君子的德性要博大宽厚，与地相配，因而也能主动承担起承载天下万物的重任。

｜解析｜

这段分析认为，坤的意思就是指厚的极致。古代朴素的宇宙观认为，天圆地方，天覆盖于大地之上，而大地支撑、承载着其上的一切，二者之间构成一个万物所安居的场域。凡是存在于天穹之下的事物，都是被大地所负载的。人处于天地之间，为万物之灵长，处于一个能够沟通天地的位置，天地之德都可以是他的德。所以说君子的德性之博大深厚若能与大地相匹配，就也可以达到像大地一样承载万物的境界。

"君子以厚德载物"，厚而能载，《坤》之象也。

——南宋·蔡渊《周易卦爻经传训解》

┃译文┃

　　"君子培养深厚的德性来承载万物"，《坤》的象就是深厚而能承载一切。

┃解析┃

　　本段话表达的是，坤卦的象就是深厚而拥有承载一切的能力。理解某一卦之象，除了理解它所模拟的事物的形状样貌，也要认识到象中所蕴涵的品德和特性。君子要"以厚德载物"，就是因为要去效法坤所象征的品德。《易传·系辞下》讲"八卦以象告"，明确指出八卦的含义必须通过象来理解。

伊川曰：地厚而其势顺，故取其顺厚之象，而云"地势坤"也。君子观坤厚之象，以深厚之德容载庶物。又问：坤卦是臣之事[1]，人君有用处否？伊川曰：如厚德载物，人君安可不用？地势愈厚愈能载物，君子观地势坤之象，以厚德载物，而势又不论也。

——南宋·方实孙[2]《淙山读周易》

注释

〔1〕一般而言，将乾卦理解成为君之道，坤卦理解成为臣之道。

〔2〕方实孙：南宋兴化军莆田人，字端卿，一字端仲，号淙山。宁宗庆元五年（1199）进士，著有《淙山读周易记》《读诗》《经说》《太极说》《西铭说》等。

译文

程颐说："大地深厚而它的形势顺畅，所以（坤卦）取用大地顺厚之象，而讲'地势坤'。君子通过观察体悟坤卦深厚的象，修养深厚的德性来包容承载万物。"（有人）又问："坤卦讲的是为臣之道，那么对君王有用处吗？"程颐说："难道人君就不用通过培养深厚的德性来承载万物了吗？地的形势越深厚，就越能够承载万物，君子观察体味地势坤厚的象，用深厚的德性来承载万物。"

解析

通常来说，乾象征着为君之道，坤象征着为臣之道。程颐则指出，坤的厚德载物之品格，作为君主也不能不学习、运用。对于乾坤之道，不能僵硬地去理解。不论是为君还是为臣，都要既向乾天学习自强不息之精神，又向坤地学习厚德载物之涵养。可以说，乾与坤是意会的概念，其区分只是概念上的区分，而在本质上，它们是合体而存在的。"乾坤，《易》之门户。"（《周易参同契》）乾卦《文言》传中说；"君子以成德为行，日可见之行也。"正与坤卦《大象》传中"君子以厚德载物"相呼应，也可见出作为至大之道，乾与坤是相通的。

坤取地势，犹乾言天行。地势愈积愈厚，本乎自然，顺之至也，卦本三耦〔1〕，重三为六，上下具焉，是之谓势。君子法坤之厚，以厚其德，积愈厚而载愈重，犹地之无不持载也。

——南宋·赵以夫《易通》

注释

〔1〕三耦（ǒu）："耦"通"偶"，偶数。《系辞下》"阳卦奇，阴卦偶"，三画坤卦是纯阴之卦，所以是由三个阴爻组成，即三耦。

译文

坤卦取象于地的形势，就像乾卦取象于天的运动。地势越加积累，其就越显得深厚，这是本于自然极为通顺的道。坤卦原本是三个阴爻组成，两个三画卦相叠而成六画卦，上下两部分都具备坤的德性，这就称作势了。君子效法坤卦的深厚之道，增厚自身的德性，所积累的越加丰厚，所能承载的就越加重大，就像地能够把持、承载一切的道理。

解析

六画卦的坤卦是两个三画卦的坤卦叠加而来。地本身就具备深厚之性，而将两个地的象相叠加，则也构成了一个积累的象。这其中有一种不断将自身增厚的动态的意味，有一种增加自身德性的趋势。所以君子要效法地的深厚，也要不断地增厚自身的德性。德性的积累越丰厚，其所能承担的事业就越重大。君子增厚自身德性的功夫，如同坤卦的积累的意向一样，是一个动态的、不停不息的过程。

自强不息　厚德载物

乾以健为德，故象言其行；坤以厚为德，故象言其势。曰"天行健"者，以气用者也；曰"地势坤"者，以形用者也。今夫地一撮土之多，及其广厚，载华岳而不重，振河海而不泄，万物载焉〔1〕。君子体坤之象，而以厚德载物，无所不容。夫是之谓"应地无疆"〔2〕。

——宋·李杞《用易详解》

注释

〔1〕语出《中庸》第二十六章"今夫地，一撮土之多，及其广厚，载华岳而不重，振河海而不泄，万物载焉"。

〔2〕语出《坤·象》"安贞之吉，应地无疆。"

译文

乾卦以刚健为德性，所以《大象传》中讲天体运行；地卦以深厚为德性，所以《大象传》中讲大地的气势。《乾·大象》的"天行健"依据的是乾阳之气，《坤·大象》的"地势坤"则是就地形地势而言。虽然地可以理解为仅仅是一撮土，但是它的整体无比广阔深厚，能够负载高山而不觉得重，能够振兴河海而不会泄漏，承载着万物。君子体味《坤》的象，用深厚的德性承载事物，没有什么不去包容。这就是所谓的"应和大地的美德永保无疆"。

解析

君子厚德载物的精神正是坤地之德的完美应和。作者借用《中庸》之言，从微至著地论及大地的组成和功能。放眼望其整体，大地浩瀚无边富辽广阔，成就承载万物之势，但是从细微之处看，也不过是一撮土。一撮一撮土的累积方有地之无疆，君子之德亦是如此。于常人而言，厚德非生而有之，所以需要从细微处入手不断积累，方能成就至德。

地势顺下，坤之象也，君子不体顺而体厚〔1〕，盖势不顺下无以见地之厚，愈下而地愈厚也。所谓载华岳而不重，振河海而不泄，河海之下犹有地焉，方见其厚也，故"君子以厚德载物"。

——南宋·李过《西溪易说》

▎注释▎

〔1〕顺：和顺。厚：深厚。两者都是坤地的特点。

▎译文▎

地的形势顺承向下，是坤卦的象。君子不专门去体察顺的特性而去体察厚的特性，这是由于地势如果不顺承向下，就不能显现出它的深厚了，越是绵延向下，就越表明了地的深厚。所谓承载高山而不觉得重，振兴河海而不会泄漏，这是由于河海之下还有地在，这就能看出地是如何的深厚了。所以说君子用深厚的德性来承载万物。

▎解析▎

这段话的意思是说，大地的形势由高到低绵延不断，体现出顺的特性。但君子不仅仅要学习大地的顺承，最为重要的是要体悟大地的深厚之德。大地之所以能够有顺承的性质，是以其深厚的德性为基础的。它越是由高到低绵延不绝，越显现出它的深厚没有止境。山峦之重无法想象，但负载它的大地不会觉得重，是因为大地之厚超越了山峦之重；河海的深度无法想象，但承载它的大地不会觉得它深，是因为大地之厚超越了河海之深。所以君子要学习大地的深厚之德，这是能承载万物的根本。

地势博厚，君子体之以厚其德；地善持载，君子体之以载物。夫车不壮，不能任重；舟不大，不能航深；德不厚，载物不溥〔1〕。六合〔2〕之大，民物之繁，必厚德乃能载之。载者，民依以安也。位有高下，载物则同，故称君子〔3〕。

——南宋·赵汝楳《周易辑闻》

注释

〔1〕溥（pǔ）：广大。

〔2〕六合：天地四方，泛指天下或宇宙。

〔3〕君子：此处为德性高尚之人，强调在德不在位。

译文

大地的形势博大而深厚，君子体悟这一点，要增厚自身的德性；大地善于持守承载万物，君子体悟这一点，也要去承载万物。车如果不够坚固，就不能够装载重物；船如果不够庞大，就不能够在深水处航行；人的德性如果不够深厚，承载事物就不能够周遍。宇宙天地如此广大，生民事物如此繁多，必定要有深厚的德性才能够承载得下。载的含义，就是民众能够有所依靠、得以安生。人的位次有高下的分别，要承载万物的事业则是相同的，这才称之为君子。

解析

这一段话强调了君子增厚自身德性的必要性，以安民利民的事功角度来理解坤道的载物之德。儒家所讲的君子，其半生的事业，就是诚意正心修身齐家治国平天下，让天道的明德彰显于天下。其中，修身齐家又是在治国平天下之前所要做的基础功夫。不论是哪一个阶段的事功，都要面对"六合之大，民物之繁"。想要分辨众物、把持众事、通晓众理，又谈何容易。必须要不断地培养自身的德性、提高自己的能力、增进内在的文采，以至于以能够通达万物之理、承载众物之繁为目标。君子与万物乃互相成就的关系。一方面，无论身处什么样的位次，都要以能承载万物为自己的目标；另一方面，万事万物的位次有所不同，但就像万物都被大地所承载一样，它们也都是君子所要去顾及、去安顿的。君子载物的德性一定要周遍全体。

君子以之厚德载物，地上有地〔1〕，不亦厚乎？厚故能载。载，车承物之义也。坤为大舆〔2〕，亦以此取象。

——南宋·丁易东《易象义》

注释

〔1〕地上有地：六画坤卦由两个三画坤卦相叠而成，"坤为地"，观其卦象即是上下两个地的叠加，所以称"地上有地"。

〔2〕大舆：大车。《说卦传》"坤为大舆"，车是承载物件的工具，而大地是能够承载万物的存在，两者的功能相近，所以称坤卦有大舆之象。

译文

君子发挥坤地之德，增厚自己的德性来承载万物。坤卦的上下都是地，不是非常深厚吗？因为深厚，所以能承载万物。载，就是车承载着物的含义。坤是大车，也是以此来取的象。

解析

坤卦的上下都是三爻坤卦，坤为地，上下皆取象于地，叠加在一起，更加强调了它的深厚。只有本身是极深厚的，才能够承载住万物而不倾陷。《说文解字》中说："载，乘（chéng）也。"乘即乘。"载"呈现出车上装载着兵器等重要物品的象。当然，车上也可以乘人。大地和大车都是坤卦的取向，它们有着共同之处。首先，它们的功能都是承载，而功能的基础即是德性。其次，车的规模越大，本身的质量越重，越能容纳更多的人和物，而地正是因为自身及其广大深厚，因此能将万物都承载住。

天行以气言，地势以形言，厚德谓君子自厚其德也。君子于乾，法其强；于坤，法其厚。法地势以自厚，犹法天行以自强也。载物，谓任重也。今夫地载华岳而不重，振河海而不泄，万物载焉，可谓能任重矣。君子之德博厚配地，则其自任以天下之重也，亦如坤地之博厚而无不持载也。小人则不然，小人薄德而方寸褊窄，见人有能，则媢疾以恶之，见人有善，则违之俾不达〔1〕，惟务刻剥〔2〕而使人无所措手足，又安能容物？盖与君子之厚德载物不可同日而语矣。厚德，象坤德之厚，载物，象坤上有坤〔3〕。

——南宋·俞琰《周易集说》

注释

〔1〕参见《尚书·秦誓》"人之有技，冒疾以恶之，人之彦圣，而违之俾不达。"媢（mào）疾：嫉妒。

〔2〕刻剥：刻意剥削。

〔3〕坤上有坤：六爻坤卦由两个三爻坤卦上下叠加而成。

译文

天行说的是气的运动，地势说的是形貌，厚德说的是君子培养增厚自身的德性。君子效法乾卦的刚强之德，效法坤卦的深厚之性。效法地的形势所以要增厚自身的德性，就像效法天的行动那样必须坚志强意而奋发进取。载物就是担负重任。地承载高山而不觉得重，振兴河海而不会泄漏，负载着万事万物，可以说是能担负重任了。君子具有与地相配的博大深厚的德性，所以其能够以担负天下为己任，就如同坤地的博大深厚、无所不载。小人则不是这样。小人的德性浅薄、心胸狭小。见到别人有能力，就厌恶妒忌，见到别人有好的品格，就故意压制他不让别人了解。只想着侵夺剥削别人，令人手足无措，又怎么能包容万物呢？所以小人的心胸狭窄与君子的厚德载物不可同日而语。增厚德性，是坤德深厚的象，承载万物，是重坤之卦的象。

▌解析▌

《论语·述而》："君子坦荡荡，小人长戚戚。"君子与小人是儒家两种完全对立的道德境界，判然有别。君子德厚，所以能包容承载万物。小人则恰恰相反。小人德性浅薄，偏狭自私，故而无法容忍他人他物。见到别人比他强，就将其视为眼中钉肉中刺，见到别人有好处，就恨不得夺为己有。在修身过程中，当如君子那般应效法地道，增厚自身的德性方可练就广博宽厚的心胸。

自强不息　厚德载物

厚德载物法坤，象任重〔1〕。

——元·胡一桂《周易启蒙易传》

注释

〔1〕任重：所要承受的责任之重。

译文

增厚德性来承载万物，是效法坤阴之德，象征着要承担重任。

解析

君子之所以效法坤卦涵养厚德载物之精神，是为了能够如大地一般有肩负重任的能力。坤地承载着万事万物，最是深重。人效法坤地，就是要像坤地一样，培养自身的德性，以承担起人世间的重任。君子之心浩瀚广大，并不拘泥于个人小事，而是以天地万物为己任。这需要有博大的胸怀，能够包容万物，也需要有随性自然的能力，使得万物都能各得其乐。这需要有内在的深厚的德性做支撑，而后方能向外发散至万事万物。

厚德能如重坤之厚，则能载物也。厚谓不薄，德之敦厖[1]，无一物而不容受承藉之也。

——元·吴澄《易纂言》

注释

〔1〕敦厖（máng）：敦厚。

译文

深厚的德性如果能像重叠两个坤卦那样深厚，就能够负载万物。深厚就是不浅薄，当君子具备敦厚的德行时，没有一物不能被他容纳承受。

解析

重坤之卦取象于地，一地已然有厚之意，两地相叠则更为深厚，所以能够承载万物。德是君子道德行为的支柱，正因为内心有德，所以君子才能将其外化于行。世间包罗万象，君子能以德服人、以德化物，使其各得其行，自由生长，这也正是君子能包容万物的表现，如若没有深厚的德性，实则很难做到。

地之高下相因而其势顺者，以其厚故也。君子之法乎坤者，以重厚之德而容载事物，则其顺于理者可知矣。然厚非顺也，唯厚所以能顺耳。

——元·梁寅《周易参义》

┃译文┃

大地高低相续，绵延不绝，他的形势通达顺畅，都是源于它的深厚。君子效法坤卦，用深重宽厚的德性来包容承载万物，就可以合顺于易理。虽然厚实与随顺有所区别，但是只有具备厚的德性，才能够顺。

┃解析┃

大地的形势由高到低绵延不断，体现出顺的特性。之所以能够有顺承的性质，是因其有深厚的德性为基础。它越是由高到低绵延不绝，越显现出它的深厚没有止境。山峦之重无法想象，但负载它的大地不会觉得重，是因为大地之厚超越了山峦之重；河海的深度无法想象，但承载它的大地不会觉得它深，是因为大地之厚超越了河海之深。所以说唯有厚，才能顺，君子要学习大地的深厚之德，这是能承载万物的根本。

坤，地也；上下皆坤，地之势也。其势高下相因，至顺极厚，故名"坤"。君子体之，内与含弘〔1〕同体，德之所积，纳天下于深仁厚泽之中；外与光大〔2〕同用，德之所发，囿天下于仁育义渐之内。道济一时，仁育万世，与坤厚一矣。

——元·赵汸《周易文诠》

｜注释｜

〔1〕含弘：含育万物，犹如内圣之学。

〔2〕光大：发扬光大，犹如外王之道。

｜译文｜

坤卦取象于地；上下两个三画卦都是坤卦，象征着地的形势。地的形势高低上下接连相续，极为通顺、极为深厚，所以叫作坤。君子体察这一点，在内与包容宽厚之德同为一体，积累德性，将天下纳入深厚的仁爱、福泽之中；在外与光辉博大之德同为功用，发用德性，将天下包括到不断孕育增长的仁义之内。坚守济世之道，培养仁爱之德，这就如同坤之厚德了。

｜解析｜

君子效法坤地之德，是为了"道济一时，仁育万世"。一方面，君子"厚德"，需要涵养增厚自身的德行，这是一个不断累积、韬光养晦的过程，尚且处于"内圣"的范畴。另一方面，当德行累积到一定的程度时君子才能如坤地般"载物"，也就是"发用德性"。德充盈于内在时，才能够使得一言一行皆为德之显现，如此才是真正地能够从内圣走向外王。

冯氏〔1〕曰：地一而已，而势有高下于以见重坤之象焉。地之厚，无不载也，法坤以厚德，法重坤以载物，则是德厚也，物斯载焉。天地民物之责、圣贤道学之传〔2〕，任之以身，非其德之厚，孰能载之哉？

——元·熊良辅《周易本义集成》

注释

〔1〕即冯去非。

〔2〕此句之意与张载之四句教"为天地立心，为生民立命，为往圣继绝学，为万世开太平"类似。

译文

冯去非说："地只有一个，而它的形势有高低上下，由此见出重叠两个坤卦的象。大地无比深厚，没有什么是不被它所承载的。（君子）效法坤卦来增厚自身的德性，效法重坤之象来负载万物，这样一来德性更加深厚，万物得以被承载。君子将顺应天地、保全民物、传承圣贤之道的重任承担于己身，如果不是德性深厚，怎么能承载得了呢？"

解析

这段论说认为，自然界中大地只有一个，但之所以有重坤之卦的出现，在于地形地势有高低上下的不同。君子增厚自身的德性，效法的是单独的、以完整的视角来看的坤地之卦，而去承载万物，效法的则是重叠两个坤卦的象。重叠两个坤卦，就是在大地之上继续增益、让大地之上有所负载，所以是载物的象。

先儒曰：乾，天道也，故以气运而曰"行健"；坤，地道，故以形载而曰"势坤"。地势顺下，坤之象也。君子体顺而法厚者，盖势不顺下无以见地之厚，愈下则愈厚。君子法其厚则顺可知矣。蒙谓观其高下之相因，法其容保〔1〕之无疆，非有至顺极厚之德不能也。

——元·解蒙《易精蕴大义》

注释

〔1〕容保：宽容爱护之意。参见《临·大象》"君子以教思无穷，容保民无疆。"

译文

先代儒者说：乾卦表示天道，所以通过描述气的运动强调"行健"之特点；坤卦代表地道，所以用"势坤"描述其形势能承载万物的状态。地的形势顺承向下，是坤卦的象。君子体察它顺承的性质，效法其深厚的德性，如果地势不顺承向下，就不能显现出它的深厚，越是绵延向下，就越能表明了地的深厚。君子效法坤地之厚德的同时，必然也知晓了它的通达顺畅。

解蒙认为，观察坤地的高低上下绵延相续，效法坤地包容、保有无边的万物，没有极其顺畅极其深厚的德性，是无法做到的。

解析

这段论说接续先儒以气运、形载来解释"天行健""地势坤"的思路，并以地势的顺承向下为坤卦的象。前文李过之论述与此段类似，但两段又有所不同。南宋李过《西溪易说》中说："地势顺下，坤之象也，君子不体顺而体厚，盖势不顺下无以见地之厚，愈下而地愈厚也。"本段中则说"君子体顺而法厚者"。前者强调厚的德性是坤道的根本，君子要注重这一点。本段中则不是以本源和表象的关系，而是以并列的关系来理解顺的德性和厚的德性：君子既要体察、理解坤道的通达顺畅，又要效法它的深厚，应当把顺的德性和厚的德性都把握到。

此以形体见性情也。地者，地之形体，坤者，地之性情。曰"地势坤"，以象显其理也。天地之间，持重载物，其势力无有厚于坤者。君子法之，法坤德之大，使物物全其生〔1〕；法坤德之通，使物物遂其生〔2〕，洞然八荒皆在我闼〔3〕，如地之容载也。

——元·胡光大、胡震《周易衍义》

注释

〔1〕参见《坤·彖传》"至哉坤元！万物资生，乃顺承天"。坤地具备和乾天一样至大的特点，可以配合天开创万物。

〔2〕参见《坤·彖传》"坤厚载物，德合无疆；含弘光大，品物咸亨"。正是因为坤地有容载之德，万物才能亨通畅达顺性生长。

〔3〕闼（tà）：门内。

译文

这里是借助形体来显明性情。"地"指的是地的形体；"坤"则是说地的性情。讲"地势坤"，是通过其卦象来显明它的道理。天地之间，持守承载万物的，没有什么势力是比坤还要厚的。君子效法坤德的广大，让事事物物都能保全自身的生长；效法坤德的通达，让事事物物都能成就自身的生长，使得天下万物都清楚明亮、了然于胸，就像地包容承载万物那样。

| 解析 |

　　这段话将《坤·大象》所说的"地势坤"理解为以地的形体表示坤的性情，也就是以地的形体之厚来表达坤的性情之厚。若论什么事物是最具备承载万物的德性的，那必然是坤地。生灵万物都生长于大地之上，在大地之上得到保全自身、成就自身的空间和养分。坤地因为广大无边，所以能保全万物，因为通达顺畅，所以能成就万物。对于大地来说，万事万物于其上，都是简易明了的。君子效法大地，处理纷繁的事物，也是要致力于达到如此的状态。

天体圆，故行健。地形方，随其势之高下而载物，故曰"地势坤"。君子积德之厚而能任重，法坤之道也。

——元·陈应润《周易爻变易蕴》

译文

天之本体是浑圆的状态，所以能健动不息地行进。地的形状是方正的，地势有高低上下，绵延相续，负载众物，所以说"坤地的气势厚实和顺"。君子积累自身的德性，使其丰厚充足从而承担起重任，这是效法坤卦之道。

解析

"天圆地方"，在古人的认识中，这不仅是天地的形状，也是天地的存在状态。天体呈环状的运动，大地之上以八方定位，呈现出稳定的方形维度。同时，大地是稳固不动的，这才保证了人们能在其上居住、生活。天之圆表现为运动不止的状态，地之方表现为稳定、稳固的状态。但这也不能说是绝对的，天在运动之中，有其不变的规律；地从大体上看是稳定的，但又无时无刻不在发生不同程度的变化。这也表现出天地之间的一致性，君子去效法天与效法地也是一致的。

坤，地也，以形言，故曰"地势坤"。见其所积之厚，君子体之，以重厚〔1〕之德容载万物也。

——元·王申子《大易缉说》

注释

〔1〕重厚：即重卦坤，上下皆为三画坤卦，两地相叠更为厚重。

译文

坤卦取象于地，大象辞从形势上来说明，所以说"坤地的气势厚实和顺"。君子通过观察坤地之深厚积累，体悟到应当用重复增厚的德性来包容承载万物。

解析

君子效法大地以不断积累、培养自己深厚德性，再以自身之广博去容纳、承载万事万物。本段论说强调君子效法坤地，增厚自身的德性，这样的功夫要不断积累、重复再重复。这也是坤卦重叠两个三画坤卦的象所显示出来的。

"地势坤"，言地势顺也，于此就见其厚，故"君子以厚德载物"。盖坤之象为地重之又得坤焉，则是地之形势，高下相因，愈远而愈无穷；顿伏相仍〔1〕，愈邈〔2〕而愈无尽，何其顺也。地势之顺亦惟其厚尔，不厚则高下相因便倾陷了，安得如此之顺？惟其厚，故能无不持载，故君子以之厚德以承载天下之物。夫天下之物多矣，君子以一身任天下之责，则天下之民皆取足于我，非但群黎百姓倚我以为安，而凡蛮貊夷狄鸟兽昆虫草木亦倚我以为命。使褊〔3〕心凉德，其何以济？而天下之望于我者亦孤矣。于是扩其心胸，弘其度量，展其经纶，普其利泽，举一世之民跻之仁寿之域，知无不明，处无不当，政无不敷〔4〕，恩无不洽。不但群黎百姓咸〔5〕获其安，必使蛮貊夷狄罔不率俾〔6〕，鸟兽昆虫草木罔不咸若〔7〕，然后其仁始浃〔8〕，其责始尽也。故曰"厚德载物"，则君子亦一坤而与地同用矣。

——明·林希元《易经存疑》

注释

〔1〕仍：接续，连接。

〔2〕邈（miǎo）：遥远。

〔3〕褊（biǎn）：《说文》"褊，衣小也"，引申为狭小、暴躁之意。

〔4〕敷：宣布，推行。

〔5〕咸：全，都。

〔6〕率俾（lǜ bǐ）：顺从。《尚书·君奭》："丕冒海隅出日，罔不率俾。"《经义述闻·尚书下》："俾之言比。比，《象传》曰：'比，下顺从也。'比与俾古字通。"

〔7〕咸若：指万物都能顺其性，应其时，得其宜。参见《尚书·皋陶谟》"皋陶曰：'都！在知人，在安民。'禹曰：'吁！咸若时，惟帝其难治'"。后以"咸若"称颂帝王之教化。

〔8〕浃（jiā）：湿透，浸透。

┃译文┃

　　"地势坤"，说的是地的形势是顺畅通达的，从这里就能看出它的深厚。所以君子效法坤卦不断加厚自身的德性来承载万物。坤的卦象是大地，两个三画坤卦交叠而得到一个六画坤卦，这就像大地的形势，高低相续，地域越发辽阔而没有边界；顿挫起伏，时间越发久远而没有尽头，是多么的顺畅啊。地势的顺畅正是因为它的深厚，如果不深厚，高低上下接连不断，就会倾倒陷落，怎么还能如此顺畅呢？正是因为它的深厚，所以没有什么不能承载，所以君子效法大地，用深厚的德性来承载天下万物。天下万物如此众多，君子自己一人来承担天下的重任，意味着凡是天下之人，他都要顾及好，不但黎民百姓要依靠他而得以安身，凡是蛮貊、夷狄、鸟兽、昆虫、草木也都要依靠他而得以立命。如果心胸偏狭，德性凉薄，怎么能做到呢？那天下也没有什么人会指望他了。所以要开阔他的心胸，增进他的度量，施展他的能力，推广他的功德，引导世间万民进入到仁寿的境域，他们的智慧没有不开明的，处事没有不恰当的，政治没有不上传下达的，恩泽没有不广博的，不但让黎民百姓能够安身，也必定让蛮貊夷狄没有不顺从的，鸟兽昆虫草木没有不顺性得宜的，然后他的仁德才算浸透，他的责任才算尽到。所以说"厚德载物"，是要君子同坤德为一体，而与大地发挥同样的功用。

┃解析┃

　　这段论说极言君子发用其德性的范围之广大。君子要效法坤地，承载天地万物，他所要教导、培育的，不仅仅是与自己相亲近的人或物，而是天下的一切事物。仅仅让自己一城、一国的百姓安居乐业是不够的，还要教导开化周边文化落后的部族；甚至于仅仅让天下四方的人民安顺和睦也是不够的，对于自然界中的鸟兽鱼虫、花草树木，也要顺应它们的本性，帮助它们得到适宜自己的生存状态，这就是儒家"修身齐家治国平天下"的过程。君子对于天下的事事物物都要有所考虑、有所助力，如果他的心胸不够博大，对于万事万物不能一视同仁，那么他就做不到接济天下，天下万物也不会信任他、指望他了。只要一事一物应对不当，就是德性还有不足。所以君子必须要开阔他的心胸和度量，让自身的仁德能够同样地发用、散布于事事物物，这样才算尽到自己的职责。厚德载物，就是说君子要像坤地一样，能够承载一切事物，成功一切事物。

地势有高卑，则重坤之象也，重坤则至厚之义也。君子体重坤之义，而以厚德载物焉。宇宙间事皆吾分内物也，民吾同胞，物为吾与〔1〕，非仁者不能有此心也。伊尹〔2〕耻君不及尧舜，匹夫匹妇不获其所，若己推而纳之沟中〔3〕，真能以厚德载物矣。凡君子度量绝人〔4〕，犯而不校〔5〕之类，亦此义也。反身而求以至之者，惟精察其禀赋〔6〕之偏蔽而勇克去之，则高明广大可驯致〔7〕，而与天地同体矣。

——明·杨爵《周易辩录》

注释

〔1〕民吾同胞，物吾与也：人民都是我的同胞兄弟，万物都是我的同伴。语出张载《西铭篇》，这是对儒家"泛爱众"思想的进一步发挥与延续，蕴含了天人合一的思想境界。

〔2〕伊尹：商汤臣，名挚，为汤妻陪嫁之奴，后佐汤伐夏桀，被尊为阿衡（宰相）。

〔3〕若己推而纳之沟中：好像自己把人推到沟里去一样。语出《孟子·万章上》"伊尹耕于有莘之野……思天下之民，匹夫匹妇有不被尧、舜之泽者，若己推而内之沟中，其自任以天下之重如此，故就汤而说之以伐夏救民"。

〔4〕绝人：过人。

〔5〕校：计较。

〔6〕禀赋：指人生来就具有的素质、天赋。宋朝理学家张载认为，人性由源于"太虚"的天地之性和禀受于阴阳二气的气质之性组成。天地之性为纯善之性，然而个人存在差异，所禀受的阴阳之

气也有区别，所以各自形成了各具特色的气质之性。"禀赋之偏蔽"即是之气质之性中恶的部分。

〔7〕驯致：逐渐达到之意。《坤·小象》亦有言"履霜坚冰，阴始凝也；驯致其道，至坚冰也"。

▌译文▐

地势高低起伏，正是坤卦之卦象，两个三爻坤卦相重叠是极为深厚的意思。君子体悟两坤卦相叠的含义，增厚自身的德性来承载万物。将宇宙间事物的生存与发展都看作自己应尽的责任，世间民众都是自己的兄弟姐妹，世间万物都是自己的交好同伴，若非仁者，是不会有这样的心意的。伊尹视其君上不能成为尧舜一般的圣王为自己的耻辱，平民百姓没有安身之处，就好像是自己把他们推进了沟中，这样的人是真正能用深厚的德性来承载万物的。凡是君子都有着超越他人的度量，被冒犯也不计较，亦是这个意思。反身向内求取德性的增益，只有精细地体察自身禀赋的偏颇不足，然后勇于克服去除，才能逐渐培养出高明光大的德性，达到与天地之道同为一体的境界。

▌解析▐

这段论说把坤卦"厚"的德性理解为仁厚，认为君子厚德载物的真正含义，是要具备将万民看作自己的同胞兄弟，将万物看作自己的同类的仁人爱物之心。对上，如果不能将君王辅佐成为像尧舜一样的贤君，就觉得这是自己的耻辱；对下，如果不能让其在太平安宁的世道中安身，就觉得仿佛是自己直接下手去伤害了他们。仁是儒家思想的核心要义，孔子将"仁"解释为"爱人"（《论语·颜渊》），孟子将其进一步具体，"君子之于物也，爱人而弗仁；于民也，仁之而弗亲，亲亲而仁民，仁民而爱物"（《孟子·尽心上》），而宋理学家张载的"民胞物与"论亦是在此基础上的发挥。儒家向来以践行内圣外王之道为道德导向，虽注重修身养性，但并不止步于此，而是强调要将内在仁心向外扩张开来。此处是把厚德载物理解为心怀天地万物一体之仁的境界。如果说自强不息是内圣之修养，那么厚德载物即可看作外王之基础。

西北高，东南低，顺流而下，地之势本坤顺者也，故曰"地势坤"。且天地间持重载物，其势力无有厚于地者，故下文曰"厚"。天以气运故曰"天行"，地以形载故曰"地势"。厚德载物者，以深厚之德容载庶物〔1〕也。若以厚德载物体之身心，岂有他道哉，惟体吾长人之仁也〔2〕。使一人得其愿，推而人人各得其愿，和吾利物之义也〔3〕；使一事得其宜，推而事事各得其宜，则吾之德厚而物无不载矣〔4〕。此则孔子未尽之意也。

——明·来知德《周易集注》

注释

〔1〕庶物：众物，万物。

〔2〕参见《乾·文言》"元者，善之长。……君子体仁足以长人"。

〔3〕参见《乾·文言》"利者义之和。……利物足以合义"。

〔4〕此一句言明修己及人及物之理。参见《论语·卫灵公》"己所不欲，勿施于人"。朱熹注："推己及物。"

译文

地势呈现西北高、东南低之倾向，江河就此顺流而下，这表现出大地的形势原本就有着坤卦的顺承的特性，所以说"地势坤"。而且在这天地之间能够持举、承载万物的，没有谁的气势和力量比大地还深厚，所以下文说"厚"。乾天精神强调气的运动所以讲"天行"，坤地精神因为形势能承载事物而注重讲"地势"。厚德载物，指的是用深厚的德性包容承载天下万物。如果要以厚德载物为体来培养身心，没有其他的办法可循，只有通过涵养己身进而助长他人的仁德。如果一个人得偿所愿，再将自身的仁德推扩出去，帮助人人都能得偿所愿，这就合于助长他物的道义了。如果一件事处理得恰到好处，那么就将应对事物的能力推扩出去，让事事物物都能恰如其分，那么自身的德性深厚到了极致，就没有什么承载不了。这就是孔子言语背后隐含的道理。

┃解析┃

　　这段论说认为，厚德载物就是地的形势所表现出来的用深厚的德性来容纳承载万物的地道。以这样的地道为体，落实在人身上，其本质就是人要有能够助长他人的仁德。助长他人的仁德，就是在培养自身德性的基础上，将自身的德性推扩出去，而对外人外物产生好的影响，甚至化育外物，使外人外物的德性也能得以提升。一个人能够得偿所愿是不够的，还要帮助他人以正确的方式实现其所愿；自己能把某件事情做好是不够的，还要将成事的方法和道理更加地推扩出去，让更多的事物能够合宜。总之，德性只停留在自身是不行的。大地深厚的德性如果仅仅停留在自身的深厚，那么它就是孤立的、有限的，正因为大地将其深厚的德性发用到了地上万物之间，成地上万物之美，它才是富有生机的、至大无边的。君子培养深厚的德性，也一定要推己及人。

天以气运曰"行"，地以形载曰"势"；地势高下相因，物物为载，无有不顺坤象。君子以地势为势，顺便厚，不顺便薄，如地不顺天便是翻覆，臣不顺君、子不顺父，便是乱贼，薄德莫甚，更无一物承载得来。厚德，坤德之厚之象；载物，坤上有坤之象。

——明·钱一本《像象管见》

译文

天因为气的运动而说"行"，地因为形状能够承载而说"势"；地的形势高低绵延接续不断，万事万物承载于其上，没有不与坤卦之象相顺应的。君子效法坤卦取象地的形势为自身的形势，能够做到顺应，自身的势头就深厚；如果没有做到顺应，自身的势头就浅薄。就像地如果不与天相顺应，就会翻倒倾伏，臣若不与君相顺应、子若不与父相顺应，就成为乱臣贼子，德性浅薄莫过于此，没有一物能承载得来。厚德，是坤德的深厚的象；载物，是坤卦之上又重叠坤卦的象。

解析

这段论说看重的是地势的顺德，"坤道其顺乎，承天时而时行"（《坤·文言》）。顺，是说地要顺承天的意志，也就是坤卦要顺承乾的意志。"君子以地势为势，顺便厚，不顺便薄"，在此，顺的德性可以说成为厚的德性的基础。只有顺承乾的意志，坤的德性才能是丰厚的，反之，不顺承在上的乾的意志，德性无法累积成厚重之象。乾卦《象传》说："君子攸行，先迷失道，后顺德常。"坤之位在下、在后，所以必然需要认清自己的位次，不抢先、不彰显自己，即所谓"含章可贞"（《周易·坤》），更不能妄图以自身去忤逆甚至取代乾的位次，否则就会迷失了正道。

君子若无一段〔1〕积厚气力载得万物，是少了坤德也。地载物，顺万物而无私厚薄；君子载物，顺万情而无偏好恶。行〔2〕是动之力，势〔3〕是静之力。

——明·吴桂森《周易像象述》

注释

〔1〕叚（jiǎ）：通"假"，假借。

〔2〕行：指天体运行之刚健。语出《乾·大象》"天行健。君子以自强不息"。

〔3〕势：指大地气势之和顺。语出《坤·大象》"地势坤。君子以厚德载物"。

译文

君子如果不能凭借积累的深厚气力来承载万物，那便是缺少坤德。大地承载事物，顺应万物，不会因自己的私意而厚此薄彼；君子包容万物，顺应万物的性情，不会因为自身的偏爱而好此恶彼。行是运动的力量，势是虚静的力量。

解析

这段论说强调了坤地的至大无私之德。大地承载万物，顺应万物自然，让万物都在适合自己的位置、以适合自己的方式来成长、发展。在此过程中，大地对万物没有任何私意的干扰。坤地之德性极其深厚，这是给万事万物提供充足生长条件的基础，万物对于至为通达的大地来说都是简明如一的，所以大地对待万物不会有任何差别。君子效法坤地之德，增厚自己的德性、增长自己的能力，如此他便能够对众情众理了如指掌，看待和处理一切事物就能一视同仁。孔子言："唯仁者能好人，能恶人。"（《论语·里仁》）唯有德之人的好恶不因其私意而起，而是与万物同心同体，顺应自然。

地西北高，东南下，《禹贡》〔1〕导川皆自西北而之东南，以归于海，即入江入河皆入海而后竟〔2〕，故海，谓之归墟〔3〕，地势之厚于此可见。物来，我不能受，或播荡而外出，或绵弱而内陷，祇为浅薄不能容载耳。若处心以厚，虽一念之微，于人亦有所载，此一念亦坤含宏之全体所发也。厚自是土之本性，毋蚀之使薄，本性不亏而厚者自存。乾言其运，坤言其积。不息，崇效天也，厚载，卑法地也，故曰"敦厚以崇礼"〔4〕。

——明·魏浚《易义古象通》

注释

〔1〕《禹贡》：《尚书》中的一篇，其地理记载囊括了各地山川、地形、土壤、物产等情况。当下学界对其作者说法不一，王国维《古史新证》认为《禹贡》为周初人所作；史念海在《论〈禹贡〉的著作时代》一文中，则据《禹贡》中有"南河""西河"之称，认定作者为魏国人；顾颉刚认为出自战国时秦国人之手；此外还有日本学者内藤虎次郎的战国末至汉初说。

〔2〕竟：完结、终结。

〔3〕归墟：众水汇聚之处，比喻事物的终结、归宿。

〔4〕语出《中庸》第二十七章"故君子尊德性而道问学。致广大而尽精微。极高明而道中庸。温故而知新，敦厚以崇礼。是故居上不骄，为下不倍；国有道，其言足以兴；国无道，其默足以容。《诗》曰：'既明且哲，以保其身。'其此之谓与！"

║译文║

　　大地的地势西北高，东南低，《禹贡》中疏导江河都是由西北方向东南方最终导入大海。也就是说流水汇入江河后最终都将流入大海，如此才算是终结，所以海又被称为众水汇聚之处，可以看出地势是如此的深厚。当面对外物，自身如果不能承受，要么向外排出，要么向内陷落，这都是因为自身德性浅薄而不能包容承载的缘由。如果内心德性深厚，即使微小的一个念头，人也能发觉并承载它，这一念也是坤德包容博厚的全体所发出的。厚是土的本性，不要侵蚀它而使它变薄，如若本性没有缺失，厚之德就能保存。乾卦讲天体的运动，坤卦讲大地的积累。不停不息是效法天的运行之健，以深厚的德性来承载万物，是效法地的谦卑，所以说要以敦实深厚的德性来推崇礼教。

║解析║

　　作者借用江河自西北向东南奔腾入海的自然景象，既说明了地势之顺，又强调了地的深厚之德。因海能容纳万川水流，可见其深度广度不可测量，海在地上，所以地的厚度亦不可知。地若要容纳万物必须有厚重之基，君子若想效法大地而能包容万物，则内在必须有深厚的德行做支撑。"得其秀而最灵"的人自然是继承了天地之精华，所以说地之厚重德行本应为人之本性，之所以无法显现，盖因物欲诱惑罢了。君子之厚德载物也就是人之本性的显现，正是因为其能载物所以才能以谦卑示人。孟子认为仁义礼智为人本心之四德，其中"辞让之心，礼之端也"。《左传·昭公二十五年》言："夫礼，天之经也，地之义也，民之行也。"崇礼并非一味地注重外在形式的礼节，而是强调其内所含之仁德。礼虽是人的行为，但其内在是合乎天地之大道的。坤卦作为教化之卦，实际上亦是施行礼教引导人们。

地之势何其顺乎，君子顺万物之性，因其势而利导，所以能厚载也。

——明·高攀龙《周易易简说》

译文

大地的形势多么的顺畅通达，君子顺应万物的本性，凭借它的形式而能给予正确的引导，所以能够以深厚的德性承载万物。

解析

君子能够承载万物，必须对万物的性质都有透彻的了解。了解万物的本性，并且顺应着它们的本性来引导、处理万物，这样才对万物、对自身都有利。大禹治水时，对山川河道进行了仔细的考察，再根据不同水流的特性来进行疏导，所以才能成功。孔子在教导学生的过程中也一直讲究"因材施教"之道：论及"孝"时，对孟懿子言"无违"，对子夏言"色难"，对孟武伯言"父母唯其疾之忧"，面对不同的学生给予不同的回答，实则是根据其本性作答引导。君子培养自身的德性，不能仅仅理解成有道德，还要增加自己的知识和能力，对于具体的事物都能有充分的认识和了解，这样才能够承载万物。德性要能体现在事功上。

敬仲曰："为物[1]所动者，不足以言载物，不足以言厚德。君子中虚[2]，心实无疆，无疆则何所不容？何所不载？"章氏曰："地之所以厚载者，以隤然处万物之下也。君子卑法地，而不能虑以下人[3]，奚可哉？"汝中曰："天常本厚。天常者，人生所禀之常性[4]。厚于躬，则身修；厚于伦理，则家和；厚于下，则邦宁；厚于风俗，则化成[5]。"合诸说而厚德载物之义备矣。

——明·潘士藻《读易述》

注释

〔1〕物：指己身之外的外物诱惑。

〔2〕中虚：内里虚空。

〔3〕虑以下人：想着谦让于人。语出《论语·颜渊》"子张问：'士何如斯可谓之达矣？'子曰：'何哉，尔所谓达者？'子张对曰：'在邦必闻，在家必闻。'子曰：'是闻也，非达也。夫达也者，质直而好义，察言而观色，虑以下人。在邦必达，在家必达。夫闻也者，色取仁而行违，居之不疑。在邦必闻，在家必闻。'"虑：思虑，考虑。

〔4〕参见《中庸》第一章"天命之谓性，率性之谓道，修道之谓教"。

〔5〕此句意在，以厚德为基础实现儒家修身齐家治国平天下之理想。

译文

敬仲说："会因为他物而有所动摇的人，不足以称之为能够承载事物，不足以称之为有深厚的德性。君子内在是虚空的，他的心实际上就没有边界，心没有边界，那还有什么容不下呢？"

章氏说："地之所以深厚而承载万物，是因为它安然处于万物之下。君子若是认为效法地是卑贱的，不愿多加思虑谦让于人，那怎么行得通呢？"

汝中说："天的常道是本于深厚之德。天的常道，也是人禀受于天的恒常之性。将深厚之德落于自身，自身就能得到修长；将深厚之德落于伦理纲常，家庭就会和睦；将深厚之德落于臣下，邦国就能安宁；将深厚之德落于风俗，民众的教化就会养成。"

集合这些论说，"厚德载物"的含义就完备了。

▌解析▌

这个文段中集合了关于"厚德载物"的三种论说：

第一，强调君子能容载万物，是因为他的内心是虚空的。这是坤卦卦图中央虚空的象。因为虚空，所以没有边界，没有边界，能够容载事物的空间也就是无穷无尽的，这也就是所谓的"虚怀若谷"。

第二，地之所以深厚而承载万物，是因为它安然处于万物之下。地有着能够甘愿处于万物之下的气度和格局，所以能够与万物保持和谐圆满的状态。

第三，厚德本就是天的常道，而人生来之性便禀受于天，所以厚德原本就是人之本性。将深厚的地道运用于人生的不同境遇，就能够在那境遇之中培养出美好的恒常之性，最终实现修身齐家治国平天下的美好愿景。

君子观坤之象以厚德载物，地德无疆，无所不载，君子之载物，只不为物所动，则无所不容；一为物动，与物为伍，且将为物所载矣，尚安得而载物乎？君子之厚德，即坤之厚德，有纤毫之异，终不足以言厚德。

——明末清初·孙奇逢《读易大旨》

｜译文｜

　　君子观察体悟坤卦的象，认识到必须要不断加厚自身的德性来承载万物。大地的德性久远无边，没有什么不能承载。君子承载万物，只要不被外物所动摇，就没有什么不能容纳。一旦因受到万物的诱惑而产生动摇，失去本我而与外物为伍，就会被外物所支配，还怎么能承载外物呢？君子的深厚德性与坤地所表现出来的德性是一致的，只要有丝毫的差异，都不足以称之为深厚的德性了。

｜解析｜

　　这段论说认为，君子效法坤地，承载万物，最关键的就是心不能随外物所动摇。大地承载万物，虽然通达万物，他却不能与众物为伍，不能让自己和众物处在同样的境界层次中，否则它就只是万物中的一员，而做不到容纳万物，也称不上是"至哉坤元"了。君子效法大地的厚德载物，就要像大地那样，让自己达到能容纳外物的境界。大地承载万物时，地上万物的一切变动，都不会改变它本然的状态。君子若要做到能承载外物，就不能被外物的行动和变化所影响，内心必须始终保持贞定而没有丝毫的动摇。只有培养深厚的德性，对万事万物都有透彻的认识，对待万物做到一视同仁，才能不会因外物的作用而影响自己的心志，这才称得上是厚德，才能够去载物。

"西南得朋，乃与类行"〔1〕，言夫坤之所以成己者也；"东北丧朋，乃终有庆"〔2〕，言夫艮〔3〕之所以成物者也。成己以成物，非夫敦厚至诚而能之乎？至诚敦厚，终始万物。其究也，以自强不息。

——明·黄道周《易象正》

注释

〔1〕语出《坤·象》。

〔2〕语出《坤·象》。

〔3〕在后天八卦中，艮卦居东北位。

译文

"西南方得到朋友，伴随同类而行"，是坤卦之所以能成就自身的缘由；"东北方丧失朋友，但最终会仍有喜庆福祥"，是艮卦能够成就他物的原因。成就自己而后成就万物，如果不是达到了充实深厚、至为诚挚的境界，又怎么能做到呢？极为诚挚、充实深厚，成就万物又开启万物。其根本之处，还在于自强不息。

解析

坤卦象辞中说："西南得朋，乃与类行。东北丧朋，乃终有庆。"在十二消息卦图中可以看出一年四季中、八个方位上阴阳消长的规律。从南至西是阴长阳退，从北至东是阳长阴退。此处将"西南得朋，乃与类行。东北丧朋，乃终有庆"作成己与成物的理解。无论朝向何处而行，君子最终都能够有所成就，成己与成物都能做到，这正是因为他极为诚挚、敦厚，无论做什么都要善始善终。而达到这样的境界，其根本还是法天之道，自强不息，不断地培养、提升自己。

"君子以厚德载物"。载非胜〔1〕受之谓，言乎其负运也。力不半而功倍者，势也。其载弥厚，其运弥捷，其激弥逆，其势弥顺。诸子相曰，驺虞〔2〕虎兕〔3〕并育，芝兰荆棘并生，封山浚川不以为德，堑山埋谷不以为怨，地之厚也。不屑屑于贤愚贵贱之间，不缜缜于取舍异同之辨，君子之厚也。

——明·张次仲《周易玩辞困学记》

注释

〔1〕胜（shēng）：能承担，能承受。

〔2〕驺虞（zōu yú）：古代中国神话传说中的仁兽，在传说中它是一种虎躯猊首，白毛黑纹，尾巴很长的动物，据说生性仁慈，连青草也不忍心践踏，不是自然死亡的生物不吃。《山海经》卷一二《海内北经》："林氏国有珍兽，大若虎，五彩毕具，尾长于身，名曰驺虞，乘之日行千里。"

〔3〕虎兕（sì）：虎与犀牛。《说文解字》："兕，如野牛而青，象形。"

译文

君子用深厚的德性承载万物。载不是被动地承受，而是能够担负起其势运。花费不到一半的力气，而达成翻倍的功劳，这就是"势"。所承载得越厚，机运就越好，越是逆流而上，势头就越顺畅。君子相互交谈，驺虞虎兕一同养育，芝兰荆棘共同生长，治理山河而不以此为德行，移山填谷而不以此为恶行，这就是地的深厚之德。不在乎贤愚贵贱的区别，不执着于取舍异同的分辨，这是君子的深厚之德。

　　君子效法大地，涵养深厚的德性来承载万物。大地承载万物，不是被动地承受，而是主动地承担，是主动运用自己的德性、发挥自己的功能，所以富于生机，所以大地虽然安然处于万物之下，却不是死的、静止的，而是活的、生动灵秀的。大地养育万物，它的德性发挥于万物之上，没有分别。人们看待世间种种不同的事物，会有自己的好恶，会把一部分事物归为有利的，另一部分事物归为有害的。其实这都是因为人的德性不够深厚，所以对于有些事物就容纳不下。本质上，万物都是自然纯善的，人若德性不足，就达不到对万物一视同仁的境界，就会认为驺虞是好的，虎兕是坏的，芝兰是好的，荆棘是坏的，封山浚川是好的，堙山堙谷是坏的。但对于大地来说，这些事物都同样地被它所养育和承载，由此可见，人主观情感所认为的善恶是局限的，而大地对于万物的一视同仁，才是完满的。所以，若君子真正培养了像大地一样深厚的德性，对于贤愚贵贱、取舍异同等种种分别，就不以为意了。

自强不息　厚德载物

231

仪曰："厚德载物"者，何也？此仲尼观象之审也〔1〕。凡厚必以薄为基，霜凝而冰，薄积而坚，渐趋厚也〔2〕。地厚德盛，直者如矢、方者犹舆、大者为涂，此皆因性之利，不假功能，溥博如天，出乎自然〔3〕。若乃弢光不耀、居劳避成、守口矫轻、补过逃咎〔4〕。其为色也，辞玄取黄，其在体也，辞衣取裳〔5〕。笃顺致恭，委身利用如此者，德甚厚盛，或惧其出于阴柔也。夫苟周公之取乎坤德者，以其阴柔，则仲尼言地不曰地势，言德亦不曰载物，势则其气，载则其力也。是故不独乾德龙，坤德亦龙也，健而能战。战者，法制教令、销萌禁非、董之用威、血流取创。顾以其战不于朝、亦不于国、亦不于疆圉，郊牧旷远，神行其间，使民由之，不必知见；又其血色不正，赤而玄黄，玄黄者，天地之色，如此即是两间元气，非血也，虽甚威行，无伤其厚，故可以永贞，载物不坠也〔6〕。进而求之，维文王之见亦犹此耳。彖曰："利牝马之贞。"马，载物者也，比顺归厚；曰："主，利。"惠及物也；曰："先迷后得。"盛德若愚，卒不失道也；曰："西南得朋，东北丧朋。"西南坤也，东北艮也，为地卑坦，不为山崇险，岂非厚乎〔7〕？

——明·倪元璐《儿易内仪以》

┃注释┃

〔1〕该句是对《坤·大象》"地势坤，君子以厚德载物"的注解。

〔2〕该句是对《坤》之"初六，履霜，坚冰至"的注解。

〔3〕该句是对《坤》之"六二，直方大，不习无不利"的注解。溥博如天：犹如天那般广阔博大，语出《中庸》"溥博如天，渊泉

如渊"。

〔4〕该句是对《坤》之"六三，含章可贞，或成王室，无成有终"和"六四，括囊，无咎无誉"的注解。弢（tāo）光不耀：隐藏才华，不向外炫耀。

〔5〕该句是对《坤》之"六五，黄裳元吉"的注解。

〔6〕该句是对《坤》之"上六，龙战于野，其血玄黄"的注解。

〔7〕该句是对《坤》之卦辞"坤，元亨，利牝马之贞。君子有攸往，先迷后得，主利。西南得朋，东北丧朋。安贞吉"的注解。

▎译文▎

仪说："厚德载物"指的是什么？这是孔子观察坤地之象而得出的。凡是厚的事物必定以薄的为基础，霜凝结成了冰，薄的事物不断累积起来，就变得坚硬，逐渐变得深厚。地十分深厚，德性盛大，说它直，就像箭矢；说它方，就像大车；说它大，就像大路，这都是凭着本性的好处，不是额外要做什么功夫，像天一样广泛博大，都是自然而成的。隐藏才华而不炫耀，多做劳动而不居功，不乱说话而不轻浮，这样才能够弥补过失而免遭咎害。坤卦之六五，在颜色上，（黄居于五色之中，代表中道，所以）不取黑而取黄，在着装上，（裳为下衣，有谦下之意，所以）不取上衣而取下裳。忠实顺从，谦逊恭敬，这样安于此身，又发挥功用，德性是极为丰厚的。有人顾虑它是出自阴柔之性。若是周公用阴柔之性来为坤卦的德性取意，那么孔子论及地时就不会说"地势"，谈论德时也不会用"载物"了。正是"势"体现出了坤的气势，"载"体现出了坤的力量。所以并不只有乾具有龙的德性，坤亦具备，它健壮而能战。战，就是制定法律、颁布教令、消灭萌芽的罪恶、禁止不适宜的行为，用威严去震慑、用武力去消灭邪恶。但是它的战斗不在朝堂中、不在国家间、不在边疆上，而是在旷达辽远的郊野间游荡前行，让老百姓依照它去做事，却不需要看见它、知晓它。它的血色不是纯正的，红中又有黑和黄，黑和黄是天地的颜色。它是天地之间的元气，并非真正鲜红的血液。虽然十分威武有力，但不会损伤自身的宽厚之德，所以可以永守正固，承载万物而不令其坠落。追求坤的德性，文王就是如此见地。《象传》之"利牝马之贞"，马是搭载人和物的动物，驯顺宽厚。"主"，意思是对他物有好处。"先迷后得"，是指盛大的德性好像愚钝的样子，才会不迷失大道。"西南得朋，东北丧朋"，意思是说西南方是坤卦，东北方是艮卦，要习取地的卑下平坦，而不要习取山的高耸险峻，这岂不是厚的德性吗？

▍解析▍

　　这段论说对坤卦的爻辞、象传、彖传都做了解读。其中特别强调，不能用单纯的阴柔的性质来理解坤卦。坤卦虽然彰显自己，安然处于在下在后的位置，但它并不柔弱，它的气力是丰厚刚强的。不单单乾卦是龙的象，坤卦也是龙的象，它有"战"的气魄和事业。只不过坤的战斗不是具象地在沙场上的杀伐征战，而是在百姓的日常生活之中。可以说，坤的战斗就是教化，是不断培养那些适宜的、有益的制度风俗，让百姓在"日用而不知"的状态下培养德性，合于大道。所以，坤的"战"不是破坏性的而是建设性的。坤德虽然威严有力，但却保持着宽厚包容的性质而令德性不断积累，所以能永守正固、永远有利。此处对坤卦的解读，体现出儒家用礼仪教化来平天下、明明德的理想。

就势而见其顺，由顺而知其厚，若非体厚，则高者堕、下者陷矣。故下文即以厚承之君子，用此卦象〔1〕敦厚其德，亦如重坤之厚以容受承藉乎物焉。

——明·何楷《古周易订诂》

注释

〔1〕卦象：八卦之象，即卦体所对应的象征物，一般来说有很多种类。此处卦象指"坤为地"。

译文

从地的形势看出它的顺畅，从顺畅而知道它的深厚。如果不是本体深厚，那么高处的东西就会堕落，低处的东西就会倾陷。所以下文中让君子承载坤厚的德性，用坤地的卦象敦促君子增厚他的德性，也要像重叠两个坤卦来表现出的深厚那样，包容承载依托万物。

解析

《坤》之卦象有很多，大象辞中唯取地之形象，是为了强调坤地所内涵的厚重之德。大地的形势由高到低绵延不断，体现出顺的特性。观察大地的顺的形势，就可以推知正是因为其深厚无边，才能做到顺畅绵延。如果大地没有深厚的德性的话，在高处山峦和在低处河海就都得不到足够的支撑，无法被容纳，必定不能稳固安处于地上。所以说唯有厚，才能顺，所以君子要效法大地深厚的德性，像大地能够负载万物那样，也要去包容承载依托万物。

君子观其象而以厚德载物，包括无外者，其体也；曲成多方者，其用也；恩不市^[1]，功不居，非道非义不较者，其量也。是故诚信其德，则为忠厚，沉默其德，则为长厚，肫恳^[2]其德，则为仁厚，皆所以在。宥群生，举胞与之担，而一身肩荷之也。

——明末清初·刁包《易酌》

注释

〔1〕市：买卖，交易。恩不市：不将恩惠作为一种交易，即施恩不图报。

〔2〕肫（zhūn）恳：指诚厚恳挚。

译文

君子通过观察坤卦的象，用深厚的德性来承载万物。把万事万物都包括在内，是它的体；成全多方多面，是它的用；有恩德却不卖弄，有功劳却不居功，对于他人对自己的不道不义却不去计较，是他的度量。所以君子有诚信的德性，这是忠厚，有沉默的德性，这是长厚，有诚切恳挚的德性，这是仁厚，这些都涵盖于深厚的德性之中。君子宽容接纳众生，以自己一身担负起万众的责任。

解析

这段论说把君子"厚德载物"的含义分解为体、用、量三个方面：厚德载物要做到无所不包，足以见其体之大；要能成就方方面面，足以见其用之广；对于外物于自身不道不义之处毫不计较，足以见其量之宽。又把君子的"厚"的德性细化展开为三个方面：忠厚、长厚和仁厚。这样的解读将厚德载物于君子的意味更加具体化和充实化了，有助于学者在修养自身德性的过程中找到较为具体的参考和标准。

天以气言故曰"行"，地以形言故曰"势"。高下相因，无所不载，君子法之，深仁厚泽，容保万民。

——清·傅以渐、曹本荣〔1〕《易经通注》

注释

〔1〕傅以渐（1609—1665）：清初大臣、清代第一位状元。字于磐，号星岩，东昌府聊城（今山东聊城）人。顺治十四年，奉旨和曹本荣一同编纂《易经通注》。

曹本荣（1621—1665）：字欣木，号厚庵，黄冈（今湖北新洲）人。清初著名理学家。

译文

乾天（的《大象传》）是就气的运动而言，所以强调其"行"，坤地（的《大象传》）则是注重地的形貌，所以点明其"势"。大地高低上下绵延相接，没有什么不能承载，君子效法它，培养深厚的仁德福泽，包容保存天下万民之性。

解析

这段论说指明，大地的地势高低上下绵延相接，它承载着万事万物，君子也要效法大地，而君子的"载物"，就是要培养深厚的仁德，用自身的仁德浸润天下，包容保佑天下万民。

《见易》曰：凡德不厚，不足以载物者，必不能以顺物也。三分有二之天下〔1〕，非以文王之厚德载之，其能终守其顺以不失坤贞者鲜矣。

——明·钱澄之《田间易学》

注释

〔1〕语出《论语·泰伯》"三分天下有其二，以服事殷。周之德，其可谓至德也已矣"。

译文

《见易》说："凡是德性不深厚，不足以承载万物的，必然也不能顺应万物。若是拥有三分之二的天下，却不像文王那样用深厚的德性去承载它，很少有能坚持顺承（君主）而不保有坤德之贞正的。"

解析

这段论说认为，如果德性不够深厚，不能承载万物，必然也就不能顺应万物的本性而成就万物，强调厚德载物和顺承万物之德的关联。周邦国本是边远小邦，而文王勤政爱才、善施仁德，使周邦国力不断积累，直至达到"三分天下有其二"。能够让原本不属于周邦的民众顺服，正是因为文王以深厚的德性来容纳众民，顺应他们的本性，让他们以自己的民彝秉性来劳作、生活而不横加干扰。可见，如果没有深厚的德性来容载万物，对万物的本性就不能有清晰的认知，也就做不到顺应万物的本性而使其各得其所。

君子体坤之德，顺以受物，合〔1〕天下之智愚贵贱，皆顺其性而成之，不以己之所能责人之不逮〔2〕，仁礼存心，而不忧横逆〔3〕之至，物无不载也。

——明·王夫之《周易内传》

注释

〔1〕合：整合。

〔2〕不逮：不足之处。

〔3〕横逆：横祸，厄运。

译文

君子体悟坤卦的德性，顺应万物的本性来接受万物，对于天下或智或愚或贵或贱的事物，都能顺应它的本性来成就它，不用自己所能做到的去责怪别人所不能的，仁和礼存守在心中，便不会对可能的遭际感到忧惧，没有什么事物不能承载。

解析

这段论说认为，坤之德在于君子，就是要君子顺应万物的本性来接纳、应对万物。无论是什么样的事物，都要顺着它的自然本性来加以助力。君子需要认识到万物的本性是各自不同的，保持宽大包容的心胸来看待万物，不能僵硬地用有限的视角去要求无限的万物。这样，一个人就不会被他个体视野的有限性所束缚，而能够承载万物，无论是面对智愚贵贱，还是面对福运横逆，都能够坦然地容受和应对。

地之顺，地之"势"也，因以为"德"。中无不虚〔1〕，自得之数无不约，斯以受物为量矣。夫子之于父，且有乾蛊〔2〕，臣之于君，且有匡救，非必顺也。唯物之资我以生者，已而各有其志欲，各有其气矜，积以相加而不相下，则可顺而不可逆。乃君子之顺物，厚其德而已矣。物气之悍，不能俱靡，而但载之以敬；物志之盈，不能屈徇，而但载之以恕。

——明·王夫之《周易大象解》

注释

〔1〕中无不虚：即中虚，内里空虚。

〔2〕乾：《大象》言"君子以自强不息"，即奋发向上之意。蛊：《大象》言"君子以为振民育德"，有革新之意。

译文

大地的形势是顺承，引申为坤卦的德性。如若有德填充于内，则呈现出中虚之态，自得自满的态度逐渐消失却能够承受住所有给予的重量。孩子对于父亲，有革新图强的时候，臣下对于君主，有匡正补救他的错误的时候，不是必定要顺承他们的。但是面对资养我们生长的万物，它们各有各的志向欲求，各有各的气势秉性，累积相加而没有上下之别，对于它们，就只能顺而不能逆。君子顺承万物，就在于增厚自身的德性。万物的气势凶悍，不可能将他们尽数消散，而只有用诚敬的态度去承载它们；万物的志气充盈，不能去压抑它们，而唯有用宽容的胸怀去承载它们。

242

┃解析┃

　　坤地之德重在顺承乾天，在父子、君臣的关系之中，父、君都与乾天相对应，子、臣都与坤地相对应，如此一来，为子为臣者对于为父为君者的一切都要顺从、听命吗？显然不是这样。若父亲的行为有不妥当之处，孩子自然不能效法，而是应当革新、改正；若君王失德、无道，大臣就必须要去匡正、挽回他的错误。由此可见，坤之德并不是要听从一切，而是要去培养认识事物的能力，这样，对于事物恰当与否，就能有正确的判断，并以此来行动。人生存在世上，是需要依靠自然界中的各种事物来生存的，最典型的就是饮食。中华文明是农耕的文明，古人观察土地、气候、动植物，并顺应其特性加以利用，从而获得衣食得以生存。可见，对于人来说，"顺物"是最基本的一种能力。这也说明了，对于生存所需的大自然，人是不能任性地去破坏的，只有去顺应它、合理地保护和利用它，才能保证自身的生活。

象地，重坤之象，如地势高下相因之无穷，此可见其至顺矣。夫地势所以高下相因无穷者，以其厚也。君子亦有厚德焉，宽仁之笃于念者无少薄，义理之得于心者无少缺，乃能承载天下，使人民各得其愿，而事物各得其理，所载之物亦有高下相因之无穷者矣。

——清·张烈《读易日钞》

译文

两坤相叠之卦象为地，如同地势高低上下绵延相接，由此可以看出大地的极致顺畅。大地之所以高下相接无穷无尽，是因为它极为深厚。君子也是有深厚德性的人，他将仁德充盈于自己的意念，让义理彰显于心中，所以才通达于天道而不显得浅薄无知，所以才能承载起天下万物，让黎民百姓都能得其所愿，让万事万物都能依理而行，他所承载的万物也是高下相接、无穷无尽的。

解析

这段论说认为，重叠两个三画坤卦的象，就是大地的地势高低起伏，绵延不断的象，这体现出坤地的至顺的德性，之所以大地有着高低起伏绵延不绝的地势，是因为它极为深厚，这才能保证万物无论高低都能被它承载容纳。而后，又指明了君子"以厚德载物"中"厚德"的具体内容，就是宽仁与义理。培养宽厚的仁德，对于拓展自身容纳万物的体量是必要的；把握事物的义理，是应对具体的事物而使其恰当合宜所必要的。大地极为深厚，它所承载的有崇高的山岭也有低陷的沟壑；君子宽仁义理存于心，培养深厚的德性，他也就能承载起大小远近、尊卑贵贱各不相同的种种事物，并使他们和谐共存了。

君子观象而知所以法之矣，为釜〔1〕而不泄，为舆而不败，德唯其厚，物可以载。厚德载物，其究也，自强不息。

——清·包仪〔2〕《易原就正》

注释

〔1〕釜：器具名。参见《说卦》"坤为釜"。

〔2〕包仪：字羽修，邢台（今属河北）人。顺治间拔贡生。

译文

君子观察坤卦的象，就知道应该效法什么。观察大锅的象，就知道要效法它能盛东西而不会泄漏；观察大车的象，就知道要效法它能承载东西而不使其损坏。只有德性足够深厚，万物才能被他承载。厚德载物的根本是自强不息。

解析

《说卦》："坤为地、为母、为布、为釜、为吝啬、为均、为子母牛、为大舆、为文、为众、为柄、其于地也为黑。"这些都是坤卦的象，其中可以看到它们的共同点，那就是都有着能够包容承载他物的性质。君子要效法的正是这一点。承载他物的能力源自自身深厚的德性，而德性的培养和积累要靠日复一日地刻苦努力、求取进步，所以说厚德载物的根本是自强不息，坤卦之德以乾卦之德为基础和来源。

势者，形中之高下夷险〔1〕，层复相因者也〔2〕。观其势之相因之顺，则知地之极厚矣。

——清·李光地《周易观象》

注释

〔1〕夷：《说文解字》"夷，平也"，引申为平坦义。

〔2〕因：连接。

译文

"势"，指的是地形中的或高或低、或平坦或险峻，层叠往复相依相连。观察地势绵延相续的顺畅之貌，进而明白地是极为深厚的存在。

解析

大地的形势由高到低绵延不断，各种各样的地形地貌自然而然地共处于大地之上，彼此过渡、和谐共处，这是大地极为顺畅的德性的体现。大地之所以能够有这样顺畅的德性，是以其深厚的德性为基础的。它越是由高到低绵延不绝，越显现出它的深厚没有止境。山峦之重无法想象，但负载它的大地不会觉得重，是因为大地之厚超越了山峦之重；河海的深度无法想象，但承载它的大地不会觉得它深，是因为大地之厚超越了河海之深。虽然地的外在形貌起伏不平，但正因为这连绵不绝的高低和顺之态才能体现出地德之深厚。这是君子何以从地之顺意识到"厚德"的缘由所在。

"君子以厚德载物"，自处于万物之下，卑〔1〕而法地，与坤厚载物同，所谓"应地无疆"〔2〕也。

——清·查慎行《周易玩辞集解》

注释

〔1〕卑：谦卑。

〔2〕应地无疆：语出《坤·象传》。

译文

　　君子用深厚的德性来承载万物，将自身安处于万物之下，谦卑而效法大地，与坤卦深厚而承载万物的精神相通，这就与久远无边的地道相应。

解析

　　大地虽然深厚无比、广阔无疆，承载着万事万物，但它始终安处于万物之下，不因为自己有着深厚的德性和承载万物的功劳，就去夸耀、凸显自己。如果不是将自己置于万物之下的位置，大地也无法做到承载万物。所以君子要效法大地，平和谦卑，以在下之位，行广阔之德。

　　天以气运故曰"行"，地以形载故曰"势"。上下卦皆地，然其一而已，故不言重而但言其势之顺，盖地非以平为顺，高下相因，正见其顺〔1〕也。高下相因无穷，地势之顺以地德之厚也，厚故万物皆载焉。君子以之法地德之厚，而民物皆在所载矣。至乾之大不言乾而言健，地则不言顺而言坤，朱子谓用字偶有不同，不必穿凿。

　　　　　　　　　　　　　——清·陈梦雷〔2〕《周易浅述》

注释

　　〔1〕顺：就整体而言，大地连一片没有断开。

　　〔2〕陈梦雷（1650—1741）：清朝大臣，字则震，号省斋，号天一道人，晚号松鹤老人，福建闽县人，著名学者、文献学家。康熙四十年（1701），受命主编《古今图书集成》。著有《松鹤山房集》二十九卷（诗九卷、文二十卷）、《闲止书堂集钞》二卷（文、诗各一卷）。

译文

　　天因为气的运动而说"行"，地因为形势能够承载而说"势"。坤卦上下都是地卦，但大地只有一个，所以不说两个地重叠而说它的形势顺畅。大地不是因为平坦而顺畅，而是由高低上下变化绵延而见出它的顺畅无边。高低上下绵延无尽，地势如此顺畅是由于它无比深厚，无比深厚所以能承载万物。君子了解了这一点，从而效法大地深厚的德性，就能承载起万民万物了。天作为最大的乾德的体现，不说"天行乾"而说"健"，对于地，则不说"顺"而说"坤"，朱子认为这是用字偶尔会发生不同的情况，不需要去牵强解释。

解析

　　本段论说特别指出地势的顺畅不是通过它的平坦表现的，正是因为大地广博，其地势高低起伏，富于变化，所以才显现出他的顺畅无边。如果从平坦的地形上来看，大地自然是顺畅的，但这表现不出地的博大和深厚，只是最浅薄的顺。只有将六地的顺理解为让山川湖海于其上相接相连、绵延不绝，才能体会出大地的顺畅不是单一的、单薄的，而是变化的、深厚的，所以才是顺的极致。

自强不息　厚德载物

"厚德载物"只如云承受得起，有包容涵受〔1〕之量。

——清·胡煦《周易函书》

注释

〔1〕涵受：既有包容之内涵，又有滋润万物之意。

译文

说"厚德载物"就像说"承受得起"，有包容涵纳接受万物的度量。

解析

此处简洁明晰地把"厚德载物"解释为"承受得起"，认为其含义就是君子要有包容涵纳接受万物的度量。这样的判断精简有力，但是难免会有所忽略。载物除了"承"物，还应当能"成"物。对万物有包容涵受之量，为的应是对万物有引导成就之能。

君子观于地势之载物无疆，而反占于身，亦以博厚之德载乎万物，如地势之坤也。呜呼！观君子之以厚德载物，君子卑法地之旨又可以类推矣……君子体坤之德，而万物载之度内，自不须言。至于体坤之载物，而器宇敦笃以凝天下之理，心志端悫〔1〕以荷天下之事，善占坤者正无不可用坤之势，以培养厚德为载物之地也。

——清·王心敬《丰川易说》

注释

〔1〕端悫（què）：正直诚谨。

译文

　　君子观察到大地的地势能承载万物、没有边界，反过来用于自身，也用博大深厚的德性来承载万物，就像地势的坤德那样。啊！看到君子用深厚的德性承载万物，君子效法地道的要旨就可以类推出来了……君子体悟坤卦的德性，将万物承载于自身度量之内的道理，就不言而喻了。至于体悟坤卦承载万物的德性，器宇敦厚笃实，凝聚天下的道理，心智正直诚谨，担负天下的事务，善于占卜施用坤德的人就可以用坤卦的气势，来培养深厚的德性，让自身成为承载万物的大地。

解析

　　君子效法坤卦之德，实际上即是学习其"直方大"之特性。直，即是正直诚谨；方，则是端方敦厚；大，即是宏大包容之意。有此三种德性，君子方才有底气去明了顺应万物之性，凝聚天下之理，涵养深厚的德性。

《大象传》于乾言"行"，于坤言"势"者，虽有形不动，而其气亦随天为行于不已也〔1〕。君子体之，以厚德载物，即《彖传》云"坤厚载物"也。在坤地道则言势厚，君子体之，则成自己之厚德。坤以地之厚载物者，势也；君子以德之厚载物者，学也。德非一日而厚，必有以培其基。载岂一物不遗，而德必以此广其量，此君子法地柔顺安贞之道也。

——清·魏荔彤《大易通解》

注释

〔1〕即言明坤地是顺承乾天的存在，参见《坤·彖》"万物资生，乃顺承天。"

译文

乾卦的《大象传》讲"行"，坤卦的《大象传》讲"势"，这是说大地虽然形质不动，但它的气随着天而流行不已。君子体悟这一点，用深厚的德性承载万物，就是《彖传》所说的"坤厚载物"。君子体悟坤地之道的深厚德性，来养成自身的深厚德性。坤卦以大地的深厚承载万物，这是它的势力所能；君子以德性的深厚来承载万物，这是他的为学所至。德性不能在一天就得以增厚，必须要不断培养、打好基础。承载万物就一件事物都不能有遗漏，德性必须以此为标准来扩大它的体量，这是君子效法大地柔顺安贞的道理。

| 解析 |

　　这段论说指出，君子培养深厚的德性最终成就万物，这就是为学的功夫。为学必须持之以恒、积少成多，不能指望仅靠一朝一夕的努力就能将德性养成。君子承载万物，就要将万物都理解得透彻，而要达到这样的境界，只能一物接一物地去学习，通过日复一日的积累，为德性的养成打下良好的基础，渐渐地去拓宽能力见识的广度和德性的深度。所以君子效法大地的柔顺安贞之道，认准了培养自身德性的目标而不动摇，日复一日以正当的方式刻苦努力不断行进，而不指望于投机取巧，这才是君子厚德载物的正道。

地者坤之象，而地非有二，故以势言之。乾主气，坤主形也。地势西北高，东南下，其隤然[1]者，积而弥厚，有重象[2]焉。君子以敬义之学，自立于不倾而被之物者，厚生正德，亦日积而不已，此君子之博厚所以载物而配地也。

——清·任启运[3]《周易洗心》

注释

〔1〕隤然：柔顺随和的样子。

〔2〕重象：即两个坤卦相叠之象。

〔3〕任启运（1670—1744）：清代学者。字翼圣，世称钓台先生，江苏宜兴人。著有《礼己章句》十卷、《周易洗心》九卷、《四书约指》十九卷、《孝经章记》十卷、《夏小正注》《竹书纪年考》《逸书补》《孟子时事考》《清芬楼文集》《清芬楼遗稿》等。

译文

大地是坤卦的象，地没有两个，所以用"势"来讲它。乾卦的解读本于气，坤卦的解读本于形。大地的形势西北方向高，东南方向低，它柔顺随和，不断积累而越发深厚，有重叠两个坤卦之象。君子凭借诚敬仁义的学问，立身于世而不倾倒，并将自身的德性发挥到他物之上，培育深厚而正当的德性，也是日积月累没有停歇。这就是君子以博大深厚的德性承载万物，而与地道相匹配。

解析

这段论说强调坤卦积累的象。地势高下相因，深厚无比，这样的深厚是大地安然贞定、日积月累而得的。坤卦由两个三画地卦重叠而成，正表达着这样一个积累的象。坤卦初六曰："履霜，坚冰至。"坚冰由薄霜渐进积累而成。君子为学、立身、处事，必定要日积月累，让自身的德性像大地一样积而弥厚，培养锻炼自身的功夫是不能间断的。

以纯阴而配天，至顺而能承，故名坤。坤为地，不仅曰地而曰地势，则至元光亨，驯利安贞〔1〕之德俱见。厚德载物，君子之所以法地也。惟顺故厚，厚则无不承，故能载物，物犹众也，六二之"直、方、大、不习，无不利"〔2〕者此也。《文言》"敬以直内，义以方外"〔3〕，君子法地之实功，物之所以能载也，故曰"敬义立而德不孤"〔4〕。

——清·晏斯盛《易翼说》

注释

〔1〕至元光亨，驯利安贞：即坤卦的元、亨、利、贞四德，参见《坤》"元亨利牝马之贞"。

〔2〕参见《坤》六二，直方大，不习无不利。

〔3〕文言：《易传》十翼之一，相传为孔子所作，是对乾坤二卦的义理解释。直："直其正也"（《坤·文言》），使……正直。方："方其义也"（《坤·文言》），使……成为道义规范。

〔4〕语出《坤·文言》。

译文

用纯阴来配合纯阳之乾天，至为柔顺而能承载万物，所以叫作坤。坤卦以大地为象，《大象传》不是仅仅说"地"，而是说"地势"，可见其至大根本、光明亨通、顺从有利、安定贞正之德。"厚德载物"即是君子效法大地的方法。因为和顺包容，所以深厚之特质，足够深厚，就没有什么不承担，所以厚重的大地能够承载万事万物。六二爻辞讲"直、方、大、不习，无不利"说的就是这个意思。《文言》说"以恭敬的态度使内心保持正直，外在的行为要合乎大义，方正合宜"，这是君子效法大地，实际要做的功劳，是万物能被承载的缘由。所以说"树立了敬慎合乎大义的品德，就有了德行而不会孤立无援"。

┃解析┃

这段论说把坤卦的彖辞、象辞、爻辞和《文言》中的内容串联起来加以理解：《彖传》指出坤卦是配合、顺承乾天而来的，即"至哉坤元，万物资生，乃顺承天"。坤为地，《大象传》说"地势"，表现出了坤卦的种种德性。君子效法大地的厚德载物，六二卦辞描述的就是顺承才能深厚，深厚才能承载万物的状态。《文言》中又强调了君子效法大地承载万物，具体来说是要怎样来做。这样的理解思路虽然可以解释得通，但似乎略显跳跃而不够深入。

地形圆〔1〕倾东南〔2〕，物之宽广者多薄，而圆者更厚，惟其厚则高下相因，但见其广，不见其倾。势，如言形势，君子博厚载物所以配地也。

——清·陈法《易笺》

注释

〔1〕地形圆：大地的形状是圆的。

〔2〕倾东南：地势向东南方倾斜，即东南方向的地势最低。《淮南子·天文》载："昔者，共工与颛顼争为帝，怒而触不周之山，天柱折，地维绝。天倾西北，故日月星辰移焉；地不满东南，故水潦尘埃归焉。"

译文

地为圆形且向东南方向倾斜。（一般而言，）凡是宽广的东西大多浅薄，但是圆形的东西相较而言更为深厚。正因为大地深厚，所以在高低上下接连相因的地势之上，只看得到它的广阔，却看不出它的倾斜。于人事而言，势，说的是形势，君子的德性博大深厚，能承载万物，所以是与坤地相配。

解析

这段论说认为，地的形貌整体是向东南方向倾斜的，由于地极为深厚所以宽广无际，不同地形高低上下间的倾斜变动就显得绵延不断，在人看来就只能见出它的广阔，而看不出它的倾斜了。所以君子效法大地，就是让自己的德性博大深厚，像大地一样"但见其广"。这种观点以地为圆、为倾，是比较独特的，它解释了地之所以广大的缘由，但没有去把握大地之顺的特性。

坤为厚，乾为德，坤舆〔1〕为载，故以厚德载物。《中庸》称"至诚"曰："博厚所以载物也。"〔2〕虞氏谓：势，力也。

〔疏〕：坤为地〔3〕，地广厚，故为厚。与乾旁通〔4〕，故乾为德。坤为大舆，舆所以载，故以厚德载物。引《中庸》"至诚"者，所以备三才也。虞氏训势为力。案，鬼谷子〔5〕论捭阖之义云：以阳求阴，苞〔6〕以德也；以阴结阳，施以力也。是言地以势力凝乾，义亦通也。

——清·惠栋《周易述》

注释

〔1〕舆：车舆，车辆。车能载物，地亦能载物，所以《周易·说卦传》引申坤卦"为大舆"。

〔2〕语出《中庸》第二十六章"故至诚则无息，不息则久，久则征，征则悠远，悠远则博厚，博厚则高明。博厚，所以载物也。高明，所以覆物也。悠久，所以成物也。博厚配地，高明配天，悠久无疆。如此者，不见而章，不动而变，无为而成"。

〔3〕坤为地：语出《周易·说卦传》。

〔4〕旁通：语出《周易·乾·文言》"六爻发挥，旁通情也"。将一卦的阳爻变阴爻、阴爻变阳爻，转化成与其对立的卦，该卦和转化的卦可以相通，所以称"旁通"。坤卦阴爻变阳爻而成乾卦，所以坤卦与乾卦旁通。

〔5〕鬼谷子：王诩，战国时期人，纵横家创始人，因隐居于云梦山鬼谷，所以自称鬼谷先生。著有《鬼谷子》《本经阴符七术》等书。苏秦、张仪早年在其门下学习。

〔6〕苞：通"包"，包容。

▎译文▎

（在"厚德载物"之中）"厚"是指坤卦，"德"是指乾卦，坤卦取象大车，能够承载，所以是用乾坤之德来承载万物。虞氏说：势，就是力。

〔疏〕：坤取象大地，大地广阔深厚，所以"厚"字指的是坤卦。坤卦与乾卦旁通，所以"德"字说的是乾卦。坤有大车的象，大车能够承载，所以说"厚德载物"。引用《中庸》中关于"至诚"的言论，是为了说明天地人三才齐备并立。虞氏把"势"字训解为力。案，鬼谷子谈论"揵阖"的含义：用阳来寻求阴，是用德去包容；用阴去联结阳，是要施加力量。这里说地用势力凝集乾德，也能讲通。

▎解析▎

这段论说借用虞翻之言，强调乾、坤二卦紧密连接的关系，坤地之厚德实际上就是乾阳奋进之德的不断累积，也就是说坤卦具有凝聚乾德的力量。君子效法坤卦，即是努力获取凝聚乾德的力量，进而转化为自身深厚的德行，并以此德行为支撑载体，助力万民万物，如此君子拥有了与天地等同的力量，可以并立成三。

管见〔1〕：地之无疆，其足以承天者，势也〔2〕。其主于承天者，顺也。地势惟顺，故曰"坤"。"君子以厚德载物"，君子指六五〔3〕言，以厚德载物，则其能使万物资生〔4〕，乃亦同于地之顺承天矣。夫君子之载物如此，况彼民乎？君子之厚德载物，惟恐无以资物之生，如此，况敢弃德〔5〕用威〔6〕戕民之生，以使民战乎？

——清·罗典〔7〕《凝园读易管见》

注释

　　〔1〕管见：比喻所见浅小。多用为自己意见的谦辞。此处即指罗典自家之言。

　　〔2〕无疆：时间上久远，空间上无边。承天：秉承乾天之意。势：势力。

　　〔3〕六五：即《坤》之六五阴爻，以阴居君位又得中，具备至顺之德。

　　〔4〕资生：参见《坤·象》"至哉坤元，万物资生，乃顺承天。"万物依赖大地而化生。

　　〔5〕德：即儒家强调的仁德。

　　〔6〕威：指武力、暴力。

　　〔7〕罗典（1718—1808）：字徽五，号慎斋，湖南湘潭人。于岳麓书院讲席二十七年，卒祀乡贤祠。著有《凝园五经说》及诗文集。

译文

　　管见：大地久远无边，它的势力足以能承接天意，顺从天意为自身之主正是它顺之德行的表现。坤卦就是取象于地势厚实和顺这一特征，君子通过效法坤卦加厚自己的德性来承载万物。其中，君子指的是坤卦的六五爻，用深厚的德性来承载万物，就能让万物依赖它而得以化生，就和地顺承天意是一样的。既然君子能够如此包容众物，何况对于那些民众呢？君子之所以不断加厚自身的德性以便于承载万事万物，就是唯恐自身的能力不足以资助万物的生长，这样一来，他怎敢抛弃心中的仁德，利用武力威慑去戕害民众的生活，让民众恐惧呢？

▌解析▌

　　这段论说认为，大地的广博深远让它有能力向上承应天意，而大地和顺的德性让它能够以承应天意为自身的事业。君子效法大地对天意的顺承，培养自身深厚的德性来承载万物，让万物依靠他得以化生。君子时时刻刻所想所做的都是如何让万物能够各得其性、各得其乐。仁是上天赋予人的德行，合乎自然万物本性之理，所以唯一途径即是用仁德去滋养、化育万物。强大的武力征伐虽然能够让国家得以快速扩张，比如霸道政治帮助齐国快速崛起成为战国七雄之一，但是连年征战，打破百姓安居乐业的生活，长此以往则失民心，以力服人不可长久。这也是儒家思想历来重王道轻霸道的原因。这与孟子所倡导的仁政思想相类似，唯有以德服人方可使百姓心悦诚服，实现长治久安。由此可见，在现实政治上，坤道精神应当与王道而非霸道相一致。

天以神用故言"行"，地以质用故言"势"。坤象为地，两坤相重，一下一上，象地形高下之相仍，乃其势之自然也，君子法之以厚德载物。地载万物，顺万物而无私厚薄；君子载物，顺万情而无偏好恶，敦厐[1]淳固，无一物而不容受承藉之，是体坤之德以为德者也。冯当可[2]曰：法坤以厚德，法重坤以载物，天地民物之责，圣贤道学之传[3]，非德之厚，孰能载之？

——清·傅恒《御纂周易述义》

注释

〔1〕敦厐（páng）：敦厚朴实。

〔2〕冯当可：即冯时行（1100—1163），宋代状元。字当可，号缙云，祖籍浙江诸暨（诸暨紫岩乡祝家坞人）。著有《缙云文集》四十三卷、《易论》二卷。

〔3〕此句之意与张载之四句教"为天地立心，为生民立命，为往圣继绝学，为万世开太平"同。

译文

天以神为用所以说"行"，地以形为用所以说"势"。坤卦取大地的象，两个三画坤卦相重叠，一个在上一个在下，取象于大地的形貌高低上下绵延相续，这是地势的自然样貌，君子效法它，用深厚的德性来承载万物。大地承载万物时，顺应万物而没有私意，不会厚此薄彼；君子承载万物时，顺应万般情状而没有偏狭，不会好此恶彼。敦厚朴实、淳正贞固，没有一物不能容受承藉，这是君子

自强不息　厚德载物

体悟坤卦的德性而以其为自身的德性。冯当可说："效法坤卦来增厚德性，效法重叠两个坤卦来承载万物，承担对天地间万民万物的责任，传递圣贤的道理和学问，如果不是德性极为深厚，怎么能承载得了呢？"

解析

　　君子要效法大地承载地上万物的方式，来承载人世间的万物，特别是要能够恰当处理有情的人与人之间的事务。一方面，要顺应人世间本然诚挚的情感，在处事时不能把自身的好恶加之于其上。顺应万物本然的性质，而不做私意的干扰，这是大地承载万物的方式，君子面对人世间种种事物亦当如是。只有培养深厚的德性，对于万事万物便能够通达、包容、接纳，达到和大地一般的境界。

地势以顺而积〔1〕，君子体之，以顺厚为德，载物不穷〔2〕。

——清·郝懿行《易说》

注释

〔1〕积：积累。

〔2〕穷：尽头。

译文

地势顺畅且经过日积月累而变得广博深厚，君子正是通过坤卦体悟到这一点，以和顺深厚为德性，故而有能力永无止境地承载万物。

解析

大地的形势顺畅，为其不断积累自身提供了条件。君子效法大地，注重顺畅和深厚的德性，这样才能为承载无穷的万物提供条件，为万物留出积累增长的空间。

自强不息　厚德载物

"君子以厚德载物。"厚则不轻薄，谓不先成谦也。乾二先之坤五，则《坤》为君子。

——清·焦循《易章句》

┃译文┃

《坤·大象》言："君子效法坤道，不断增厚自身德行，从而有能力承载万事万物。"因深厚所以其表现并不浅薄，内有谦让之德。在卦变过程中，乾卦之九二率先与坤卦之六五进行换位，可见坤卦其为谦谦君子。

┃解析┃

自古以来，易学研究可分为象数派和义理派。焦循此种方式即为卦变象数方面的解法。不同于义理派，卦变研究复杂多变，却也是治《易》不可或缺的部分。焦循在此通过其所画《当位失道图》和《时行图》强调其卦变，意在说明坤卦内有谦和之德。乾、坤二卦互为旁通，其爻变亦是以二五先行，得到当位之吉卦。其中，必然是以乾二先之坤五，盖因乾有乾乾奋进之德，而坤卦主顺承乾阳，置于乾之后行事，即是《坤》的谦顺之德。

虞翻曰：势，力也。"君子"谓乾。阳为"德"，动在坤下。君子之德车，故"厚德载物"。老子曰"胜人者有力"〔1〕也。

〔疏〕鬼谷子曰：以阳求阴，苟以德也。以阴结阳，施以力也。"势"训"力"者，言地以势力凝乾也。与乾旁通，故"君子谓乾"。乾阳积善，故"为德"。初变为震，故云"动在坤下"。《礼运》曰"天子以德为车"，故云"君子之德车"。《说卦》曰："坤为大舆。"取其能载。言君子之德，法坤之厚，君子之德车，即法坤之厚以载物。《中庸》曰："博厚所以载物"，即其义也。"胜人者有力"，老子道经文。引此以明地有胜人之势，故"势"训"力"也。

——清·李道平〔2〕《周易集解纂疏》

注释

〔1〕语出《道德经》第三十三章。

〔2〕李道平（1788—1844）：清代经学家，字遵王，一字远山，号蒲眠居士，又称溳上先生，湖北省安陆市人，著有《周易集解纂疏》《有获斋文集》。

译文

虞翻说："势，是力量的意思。""君子"指的是乾天。"德"指的是阳，发生运动的是置于天之下的坤地。君子的德性是车，所以能"厚德载物"。老子说"胜过人的是有力的"。

〔疏〕鬼谷子说："用阳来寻求阴，要用德去包容；用阴去联结阳，要施加力量。""势"训作"力"，是说地用势力把乾意凝聚起来。坤卦和乾卦相旁通，所以说"君子指的是乾卦"。乾阳积累善，所以说"为德"。初爻变动成为震卦，所以说"从坤的下面发生运动"。《礼运》说："天子将德性作为车。"所以说"君子的德性是车"。《说卦》说："坤为大车。"取的是车能够装载的象。说君子的德性，是效法坤德的深厚，君子的德性是车，就是效法坤卦以深厚的德性来承载万物。《中庸》的"博大深厚所以承载万物"就是这个意思。"胜过他人的是有力的"，这是《道德经》的文句。引用这句话来表明地有胜过人的势力，所以"势"训作"力"。

┃解析┃

《坤·大象》言："地势坤，君子以厚德载物。"虞翻将乾、坤二卦结合起来理解，即君子实为乾阳。乾阳之力有奋进向上之特性，终日乾乾故能有所积累，最终形成深厚的德行，也就是坤之厚德。

重坤者，顺德〔1〕之厚也。君子体坤之德，顺以受物，合天下之智愚贵贱，皆顺其性而成之，不以己之所能，责人之不逮，仁礼存心，而不忧横逆之至，物无不载也〔2〕。六十四卦之变动，皆人生所必有之事，抑人心所必有之几；特用之不得其宜，则为恶。故虽乾坤之大德，而以刚健治物，则物之性违；柔顺处己，则己之道废。惟以乾自强，以坤治人，而内圣外王之道备矣。余卦之德，皆以此为统宗，所谓"易简，而天下之理得矣"〔3〕。

　　　　　　　　　　——清·郭嵩焘〔4〕《周易内传笺》

注释

　　〔1〕顺德：顺从乾天之德，即《坤·象》"万物滋生，乃顺从天"。

　　〔2〕体：体察。成：成就。不逮：过错，不足之处。

　　〔3〕语出《易传·系辞上》"易简，而天下之理得矣；天下之理得，而成位乎其中矣"。

　　〔4〕郭嵩焘（1818—1891）：乳名龄儿，学名先杞，后改名嵩焘。字筠仙，号云仙、筠轩，别号玉池山农、玉池老人，湖南湘阴城西人。晚清官员，湘系经世派代表人物，湘军创建者之一，中国首位驻外使节。著有《养知书屋遗集》《史记札记》《礼记质疑》《中庸质疑》《使西纪程》《郭侍郎奏疏》《养知书屋文集》《郭嵩焘日记》等。

译文

　　重叠两个坤卦，体现出坤顺之德性的深厚。君子体悟坤卦的德性，顺应万物的本性来接受万物，对于天下或智或愚或贵或贱的事物，都能顺应它们的本性来成就它，不用自己所能做到的去责怪别人所不能的，仁和礼存守在心中，不对可能的遭际感到忧惧，没有什么事物不能承载。六十四卦的变动，都是人生所必有的事项，也是人心所必有的几微，任性地以不合宜的方式去运用它，就是恶。因此虽然乾坤是极致的大德，但若用刚健之德去治理外物，外物的本性就将遭到违背；若用柔顺之德去对待自身，自身的道德就会荒废。只有以乾德让自身奋进不息，以坤德处理人与人间的关系，才能具备内圣外王之道。余下各卦的德性，都以此为统宗，这就是所谓的"易至为简易而天下之理得备"。

┃解析┃

　　这段论说，一方面强调六十四卦的变动所表明的各种际遇情形，都是人生必然会面对的，而应对各样的际遇，也必然要用到其蕴含的种种道理。另一方面又强调，若是运用不当，在不在恰当的情况下发用各卦之德，任意妄为，那结果一定是恶的。以乾、坤二卦为例，它们有着不同的适宜去发用的对象。乾卦之德要用在自身内在，不断勉励自己，助力自身蓬勃进发，即严于律己；坤卦之德则用于外物，以包容和顺的态度去了解和顺应外物，促成众物间的和睦共处，即宽以待人。这样都是适宜的有利的状态。反之，如果用强硬的态度去处理外物，就无法得到对其良好的认识，对事不能有所助益；如果用柔顺的态度来对待自身，就不能督促自身进步，以至于有荒废的危险。所以对六十四卦的运用，皆有其适宜的时机和境遇，而整部《周易》，所要讲明的也就是这些时机和境遇。

第三篇

自强不息 厚德载物

本篇收集了自北宋至清代有关乾、坤两卦象辞的总论。学者一致认为，『自强不息』与『厚德载物』是乾、坤之道在人身上之现象的描述，或者说是乾、坤之道在人道的落实。但对于二者的性质判定，存在不同观点。有的认为『自强不息』与『厚德载物』都是修行功夫，有的认为二者都是修行境界，有的则认为『自强不息』是修行功夫，『厚德载物』是功夫所达之境界。对于其中的毫厘之别，需要我们细加分辨。

大抵谈『自强不息』，离不开『厚德载物』，这就如同谈『勿忘勿助』，离不开『必有事焉』，否则功夫便没有切实下手处。

乾之《象》曰"自强不息"，坤之《象》曰"厚德载物"，何也？曰"强"者，勉[1]之谓也；"载"者，安济[2]之谓也。君子自强法天，厚德法地，德不厚，则物不得而济也。是故自强不息，则道无不臻[3]；厚德而载，则物无不济。夫乾、坤者，《易》之门户[4]；二《象》者，道德之关枢也。

——北宋·司马光[5]《温公易说》

注释

〔1〕勉：自勉，勉励。

〔2〕安济：安抚救济。

〔3〕臻：达到。

〔4〕语出《周易·系辞下》"子曰：'乾坤，其《易》之门耶？'"

〔5〕司马光（1019—1086）：字君实，号迂叟。陕州夏县涑水乡（今山西省夏县）人，世称涑水先生。北宋政治家、史学家、文学家，自称西晋安平献王司马孚之后代。主持编撰了编年体史书《资治通鉴》。

译文

乾卦《象传》讲"自强不息"，是教人不断自勉；坤卦《象传》之"厚德载物"，是教人滋生救济万物。古圣人希望人们能够效天法地，自勉正德，在正德、厚德的前提下利用万物以成其事。只要不断自勉，便能臻于至道（正德）；在正德的前提下利用万物，便能成物，使万物各得其所。在此种意义上，乾、坤二卦是进入《周易》义理的必经之门，二卦的《象传》则是使门能够被人打开之轴，或者说正是二卦的《象传》使《周易》义理得以向读者呈现，二《象》由是成为读者领悟道意、遵循天道的关键所在。

▌解析▌

天道运行生生不息，孔子以"逝者如斯夫，不舍昼夜"（《论语·子罕》）加以描述。古圣人强调天道"不息"的一面，指导人们效法天道之"不息"，未能对如何"自强"加以展开；司马温公以"勉"释"强"，将"不断使自己变得强大"的圣人之教具化为不断勉励自己、日日进德，为我们指明了用功之所。同时，以"安济"释"载"，点明了人与物之间的应然关系：人在处理与物之间的交往关系时应遵循"正德、利用、厚生、惟和"（《尚书·大禹谟》）的原则，在厚德的基础上合理利用、爱育万物，以实现人与天地自然的和谐。

又尝考之先贤赞《易》，于《乾》曰"君子以自强不息"，谓其体天之刚健也；于《坤》曰"君子以厚德载物"，谓其法地之博厚也。不体乎乾，无以宰〔1〕万物；不法乎坤，无以容万物。况观古昔，凡过于刚者，为亢、为暴、为强明自任；偏于柔者，为暗〔2〕、为懦、为优游不断；虽其失不同，而其害治一也。

——南宋·真德秀《西山文集》

注释

〔1〕宰：主宰。

〔2〕暗（àn）：愚昧，昏乱。

译文

《乾·大象》体察天的刚健性质，引导人自强不息；《坤·大象》主张效法地的博厚性质，指导人厚德载物；二者都在教人处理与万物的关系，但又互为补充，缺一不可。如果不效法乾阳刚健之道，便无法宰制或者说合理利用万物，抑或与万物发生交往关系；如果不效法坤阴博厚之道，便无法包容万物，与万物和谐相处。过刚过柔都有所失，都不利于人类恰当处理与万事万物的关系。

解析

真德秀点出了自强不息与厚德载物二者之间相互补充、调和的关系。"一阴一阳之谓道"，乾与坤作为《易》之门户，实则也是阴阳两面。只有同时做到自强不息与厚德载物，既刚且柔，才能得其中道，与万物和谐共生。和谐秩序的建构，必定是刚柔调和的产

自强不息　厚德载物

物，一个社会需要经济基础的稳步发展、科学技术的突飞猛进、法律制度的健全完善，同时也需要人文道德来化成天下。

乾之自强不息，是以在人之乾言；坤之厚德载物，是以在人之坤言。推之诸卦，大抵皆然。

——明·蔡清〔1〕《易经蒙引》

注释

〔1〕蔡清（1453—1508）：字介夫，别号虚斋，明代晋江人。著名的理学家，著有《易经蒙引》。

译文

自强不息与厚德载物，是对乾、坤之道在人身上之现象的描述。

解析

蔡清此语，强调自强不息与厚德载物都是对人所言，《象传》的重心在人事。文王观象系辞，原本就是根据每一卦每一爻所模拟的具体情境而对身处其中之人提出的处世之方，他要通过卦爻辞告诉人们如何在不同的具体情境中将天地之道落实于现实人生。孔子作《象传》，无非是要揭示文王之意，因而更重阐发天道显现于人生的样貌，以之作为人们行事的榜样，"自强不息""厚德载物"均属此类。

也要知此心体〔1〕便是易，此心变易从道者便是易之用。所以六十四卦，圣人说六十四个"以"字。如君子自强不息者，以乾也；厚德载物者，以坤也。非乾而何能自强不息，非坤而何能厚德载物乎？余卦又以时〔2〕言之，君子所以如此者，以此时也。时者，易也，总是以此也。

——明·高攀龙、陈龙正〔3〕《高子遗书》

注释

〔1〕心体：以心为本体，宋明心学家认为"吾心即是宇宙"。

〔2〕时：时机、时运。

〔3〕陈龙正（1585—1645）：初名龙致，字惕龙，号几亭，嘉善人。明末著名理学家，师从高攀龙，精研理学。

译文

如果从心学的角度审视《周易》，心学所言心体便是易道（天道），易道在现实当中的发用表现为人心于所遭遇的具体情境中遵从天道。因而六十四卦《象传》用六十四个"以"字来推天道、明人事：比如提醒人们要自强不息，因乾阳创生从不停息；再如提醒人们要厚德载物，因坤阴顺承包容万物。古圣人的此类提醒，蕴含一个前提——人之心体即天之道体；正是在此种意义上，人做到自强不息、厚德载物才得以可能，人心含具或者说分有乾坤天地之道。君子之心发明天道，面对不同情境会有不同表现，在具体情境中将天道作了殊相表达，易道总是处于具体情境之中，故曰："时者，易也。"

　　"《易》与天地准"（《易传·系辞上》），《易》是古圣人对天道的描摹与刻画，故易道即天道。圣人作《易》，目的在推天道明人事，因而人天之间如何联系便成为一个问题。如果用类推思维，天道不息，故人道亦须自强不息，便将人道自强的动力交归对于天道的信仰，容易流为宗教。高子将天道归入人心，天道即心之本体，顿时解决了自强动力的来源问题：人道自强，乃是人心本体的自然发用，是心之本来面貌的呈现。我们自强不息，厚德载物，并不是一种外在的道德规范或者高高在上的天或神等要求我们这么做，也不是古圣人要求我们一定要效法天地乾坤，而是古圣人发现了人心与天意之间的同一关系，进而告诉我们该如何将这种最本真的关系通过行为表达出来，从而回归生命之真。

象也者，像此者也。《象》之于《乾》也，曰"自强不息"，此以周公之称六龙〔1〕，必极龙之材，田力而渊，渊力而天〔2〕，则其曰"自强"也。有说此以周公之称六龙，必极龙之材，犹不止跃极而飞，飞极而无首〔3〕，首复为尾上，复为初，则其曰"不息"也。有说《象》之于《坤》也，曰"厚德载物"，此以厚载体霜冰〔4〕，是为像神者也。若曰凛乎其危也，得不厚乎？此以厚载体直、方、大〔5〕，体含章、括囊〔6〕，体黄裳〔7〕，是为像形者也。若曰：如此，岂非厚乎？此以厚载体龙战玄黄〔8〕，是为像意者也。若曰使以不战养奸，即使战而伤物，其血朱殷不玄黄，又岂得为厚乎？若此者，孔子事六爻之词，可谓谨矣。夫孔子事爻辞，则谨；事《象》画，则忠。夫《象》也者，以元要贞，以牝利载；夫画也者，以一积功，以虚受物；是故莫强于元而莫不息于贞矣。载莫如马良而厚，莫如牝顺矣。自强不息者，其惟一连矣；厚德载物者，其惟二段矣。包牺氏〔9〕之易，贞于卦而神于画，贞于文周而神于孔子，文周竭材以仪一画，孔子正言以断三易。乾坤明大，所以概余，要皆取诸测微决疑、象效不失者而已矣。

——明·倪元璐《儿易外仪》

注释

〔1〕周公之称：相传《周易》的爻辞为周公所作。六龙：乾卦爻辞以龙为喻，故而六龙即是《乾》之六爻。

〔2〕田力而渊，渊力而天：即《乾》自二爻至四爻再到五爻之变化，即由"见龙在田"至"或跃在渊"至"飞龙在天"。

〔3〕飞极而无首：即至上九"群龙无首"。

〔4〕参见《坤》之初六"履霜。坚冰至"。

〔5〕参见《坤》之六二"直方大，不习无不利"。

〔6〕含章：即《坤》之六三"含章可贞"。括囊：即《坤》之六四"括囊，无咎"。

〔7〕黄裳：即《坤》之六五"黄裳元吉"。

〔8〕参见《坤》之上六"龙战于野，其血玄黄"。

〔9〕包栖氏：即伏羲，相传八卦为伏羲所创。

▍译文▍

《象传》是基于类比思维作的引申，六龙等都是类比之象。《象传》在乾卦诫人"自强"，因周公鼓励人要上出以尽其材；同时诫人自强"不息"，像龙一样，由潜到见，由跃到飞，直至看不到头，则继续开启新境界当中新一轮的尽材之路，永无止境。有人说《象传》在坤卦中讲"厚德载物"，是教人像神一样厚待万物（包括霜冰）。连霜冰等都能厚待，德自是极厚。后面直方大等都是以形类比地道厚德，龙战玄黄等都是以意类比坤道厚德。如果当战不战，姑息养奸，则不是地道厚德，地道柔顺厚德并非无底线的包容。孔子严格遵守象辞小结与卦画所模拟的情境（卦象）解释爻辞，忠于原意。象辞提倡聚合乾阳元气来使人强健贞正，以母马之顺来厚利万物。自强不息类比于阳爻刚性，厚德载物类比于阴爻柔性。伏羲之易，意在卦中，画神明其意；文王周公据画系辞，孔子则神明其辞。文王周公耗尽其才申明每画之意，孔子则集前辈之大成，直言正断《连山》《归藏》《周易》三《易》之理。乾、坤二卦能够概括其余诸卦，原因在于乾坤阴阳之性遍布万物。

|解析|

　　倪元璐强调了《象传》的来源及其根据，它的产生使用的是一种类推思维。总的来说，就是推乾坤天地之道，指导人间男女牝牡生活。虽是类推，但二物却有相同之性，更含相通之理，因而有其效果。但类推亦须以全面把握类比项性质为前提，如果只言天之自强，不讲不息，只讲地之厚德，不讲载（裁）物，都会产生问题。自强须配以不息，厚德须持有底线，倪氏的认识较为全面。以裁释载，则尤为亮眼。虽然他并未明确点出"载"即"裁"字之意，但他"不养奸"的说法已经表达了这一层面的意思。坤道厚待万物，其中必然包含对于万物的规定性，有对于万物边界的划定，否则便无从谈论厚待的问题。如果没有边界的裁量划定，无底线地厚待，终将成为溺爱，溺爱则与妨害无异。

六十二象自乾、坤而出。象有阳，皆乾之阳也；象有阴，皆坤之阴也。学易者所用之六十二德，皆修己治人之事。道在身心，皆"自强"之事也；道在民物，皆"载物"之事也。"自强不息"非一德，"厚德载物"非一功；以"自强不息"为修己之纲，以"厚德载物"为治人之本；故曰"乾坤者，其易之门户"〔1〕——道从此而出，德从此而入也。

——明·王夫之《周易大象解》

注释

〔1〕语出《周易·系辞下》"子曰：'乾坤，其《易》之门耶？'"

译文

六十二卦皆由乾、坤变化而来。《象传》所言六十二德，讲的都是如何修身，如何处理与他人乃至万物之间的关系（治人）。"自强不息"不是修行的目的与结果，而是修行功夫本身；"厚德载物"不是修行的功夫，而是修行所应达到的结果与境界。在身心上修道，无论如何修法，都是"自强"之事，亦即自我勉进之事；在待人接物上修道，无论如何做法，都是"载物"之事，亦即使人物各得其所之事。因此，"自强不息"是修己之纲，"厚德载物"则是治人之本，两者反映出了乾、坤二卦在《周易》中的门户地位——天道将通过"自强不息"下贯于人身，使人具有载物厚德。

解析

王夫之将"自强不息"与"厚德载物"作了功夫与境界的性质

判定，帮助我们厘清了二者之间的关系。"自强不息"虽是"天行健"的现象本质，但它并不能作为目的本身，如果仅以"自强不息"作为人生追求，人生便很盲目。我们要"自强"，使自己身上的什么变强？我们并不知道。此时如果只是不停"自强"，白白耗费精力而已。"自强不息"必须与"厚德载物"连起来领悟，天地乾坤原自成对，不能只看一面。只有定立了"厚德载物"作为目的，"自强不息"才有用力处。

谨按：《乾》自强不息，成己也；《坤》厚德载物，成物也。〔1〕成己即所以成物，此坤道所以顺而简也。

——清·朱轼〔2〕《周易传义合订》

注释

〔1〕成己：成就自我，即修身以内圣。成物：利益万物，即外王之显现。参见《中庸》第二十五章"诚者，非自成己而已也，所以成物也。成己，仁也；成物，知也。性之德也，合内外之道也。"

〔2〕朱轼（1665—1736）：字若瞻，一字伯苏，号可亭，瑞州府高安县艮下村（今江西省高安市村前镇艮下朱家村）人，系坡山始祖茂公派下第十六世孙。清朝中期名臣，著名史学家，乾隆帝师。著有《清史列传》《周礼注解》《周易注解》《文端公集》《春秋钞》《历代名臣传》《历代名儒传》《仪礼节要》等。

译文

乾卦《象传》讲自强不息，这是教人修身；坤卦《象传》讲厚德载物，这是教人待物，使物各归其性、各尽其用。而教人修身，修什么？修的正是如何做到厚德载物，如何尽人之性，以至尽物之性。厚德载物是成己的自然结果。

解析

朱轼厘清了成己与成物之间的关系，自强不息是功夫，厚德载物是境界；成己是功夫，成物是境界。君子应通过自我修行来达至成物境界，使万物各得其所。此处涉及儒学史上内圣与外王的关系问题。做思想史研究的学者们，往往喜欢将内圣判定为心性之学，将外王划分为政治哲学，从而造成学派之间的对立。实际上，单求一个内圣，便有外王的功用于其中，求外王，亦必然要求以内圣为前提，二者接近于体用关系，并非对立关系。孔子"为政以德，譬如北辰，居其所而众星拱之"（《论语·为政篇》）一语可为例证，儒家讲外王、讲政治，从来是不离开内圣的，他们很重视德行教化对于政治秩序的基础性作用。

此自强不息，即九三乾乾惕若意〔1〕，圣人欲人常存戒慎以存天理而遏人欲〔2〕。卦爻无非此义，特于乾卦着之。乾《象》曰"行"，坤《象》曰"势"，明其为重卦也。君子之不息，法天行也；厚德，法地势也。

——清·朱轼《周易传义合订》

注释

〔1〕语出《乾》九三爻辞"终日乾乾，夕惕若厉，无咎"。

〔2〕天理：合乎天命的道德规范。人欲：不合乎道德规范的欲望。"存天理灭人欲"为宋代理学家所倡行，实际《礼记·乐记》早已言明"灭天理而穷人欲"的危害。

译文

乾卦《象传》讲"自强不息"，正是九三爻辞"终日乾乾，夕惕若厉"之意，圣人以"自强不息"告诫人常存戒慎恐惧之心，存天理，遏人欲。《周易》卦爻辞通篇所表达无非"存天理，遏人欲"之意，所以要在解读第一卦乾卦时特别说明。乾《大象》讲"行"，坤《大象》讲"势"，是对上下卦重叠之象的诠释。而君子之所以要"不息"，也正是因为天之运行不息；之所以要厚德，正是因为地势之博厚。君子效法天之运行不止不息地乾乾警惕，效法地势之博大深厚爱养抚育万物，这便是乾坤二卦所藏圣人之意。

解析

朱轼结合九三爻辞对"自强"作了进一步的解读，所谓自强，就是"存天理，遏人欲"，通过克除私欲来呈现天理，是为自强。要言之，无欲则刚。提出以克除私欲的方法来实现天之刚强劲健，看似合理，实则提出了一条不切实际的自强路径。这里的人欲指的自然是不符合天理的欲望，指类似于在穿衣吃饭温饱基础上穿绫罗绸缎、吃山珍海味一类欲望，人们对于此类欲望虽能够勉力克制，但人之思虑纷杂，物欲不断，克除一种私欲又会出现新的欲望，按下葫芦浮起瓢，如何能够真正做到"无欲则刚"？因此，自强应在"存天理"上用功，当天理充盈流行之时，便是人欲归寂之日。

曰"君子以自强不息"，此即《大学》"明明德"[1]之功；曰"以厚德载物"，即《大学》"亲民"[2]之事也。

——清·任启运《周易洗心》

▌注释▌

〔1〕明明德：《大学》三纲领之一，弘扬光明的德行。

〔2〕亲民：《大学》三纲领之一，亲近人民，朱熹《大学章句集注》将"亲民"作"新民"，有教化百姓之意。

▌译文▌

"自强不息"就是"明明德"，"厚德载物"讲的就是《大学》"亲民"功夫，亲民即仁民。

▌解析▌

此句乃任氏论述"易者，圣人洗心藏密之书也"的论据之一。任氏结合《大学》来理解《象传》，将"自强不息"与"明明德"相联系，点出了"自强不息"的用功之所——"明明德"，即在自己身上发明天道。同时，将"厚德载物"与"亲民"联系，赋"载"以更为具体的内涵，将"载"理解为"亲"。以"亲"释"载"，含有"万物一体"的韵味。亦即是说，所谓"载物"，乃是亲爱万物，或与万物和谐共生。

窃按："行健"二字，亦即是重乾之意矣。又按：《大象》，夫子多另取一义，不与《彖》同。乃此曰"行健"，曰"不息"，仍即《彖传》终始之意〔1〕。即坤《象》厚德，亦即安贞〔2〕也。盖天地之道，为物不贰，故不容别有所为义矣。

——清·王又朴〔3〕《易翼述信》

注释

〔1〕终始之意：参见《乾·彖》"大哉乾元，万物资始，乃统天。云行雨施，品物流形。大明终始，六位时成，时乘六龙以御天。乾道变化，各正性命，保合太和，乃利贞。首出庶物，万国咸宁"。

〔2〕安贞：参见《坤·彖》"至哉坤元，万物资生，乃顺承天。坤厚载物，德合无疆。含弘光大，品物咸亨。牝马地类，行地无疆，柔顺利贞。君子攸行，先迷失道，后顺得常。西南得朋，乃与类行；东北丧朋，乃终有庆。安贞之吉，应地无疆"。

〔3〕王又朴（1681—1763）：字从先，号介山。晚年精于易学，著有《易翼述信》十二卷、《孟子读法》十四卷（附录一卷）、《史记七篇读法》二卷、《中庸读法》二卷、《大学读法》二卷、《诗礼堂古文》五卷、《诗》七卷、《杂著》二卷、《年谱》一卷、《河东盐法志》十二卷等。

译文

重卦往往皆取重义，唯独乾卦不然。因天只有一个，只说"天行"，便已有天亮天暗、一日一周的重复之象在里面。而此种重复，如没有至健之力，便无动力可依。故"行健"二字，正能表达重乾卦象蕴含之义。孔夫子在《大象》中往往多取一个与《象传》不同之义，看似不同，实则为一。天行至健，循环往复，正是不息，仍即《象传》终始往复之意。同理，坤卦《象传》讲"厚德"，亦取《象传》持柔守正之意。天地创物，一体贯通，诸义相连，应以贯通思维理解。

解析

王又朴解决了"不息"二字的来源问题，人法天道刚健有为，"自强"即可，何以再言"不息"？只因天道之刚建本自不息，故言"自强不息"。亦即是说，天行之健，已蕴含"不息"于其中。天行本是不息之象，不息应成为我们首先发现的天行性质，正因天行之不息，我们才能把捉到蕴含其中的至健之力。从此种意义上说，是天行的不息彰显了天道的刚健，天道的刚健则造就了天行的不息。

君子之自强不息，正所以体天行健。亦何所间于潜见惕跃飞〔1〕之时，何有于亢龙之悔〔2〕乎？地势之坤，何减于牝马安贞〔3〕？君子之厚德载物，正以法坤效顺，亦何所异于直方大之不习无不利〔4〕？何所歉于黄裳之元吉〔5〕？何所失于履霜、含章、括囊、龙战〔6〕之戒乎？

——清·晏斯盛《学易初津》

注释

〔1〕潜：即《乾》初九之"潜龙勿用"。见：即《乾》九二之"见龙在田，利见大人"。惕：即《乾》九三之"终日乾乾，夕惕若厉，无咎"。跃：即《乾》九四之"或跃在渊"。飞：即《乾》九五之"飞龙在天"。

〔2〕亢龙有悔：即《乾》上九爻辞。

〔3〕牝马安贞：参见《坤》卦辞"坤，元亨，利牝马之贞。君子有攸往，先迷，后得主，利西南得朋，东北丧朋。安贞吉"。

〔4〕参见《坤》六二爻辞"六二，直方大，不习无不利"。

〔5〕参见《坤》六五爻辞"六五，黄裳，元吉"。

〔6〕履霜：即《坤》初六之"履霜，坚冰至"。含章：即《坤》六三"含章，可贞"。括囊：即《坤》六四。龙战：即《坤》上六之"龙战于野"。

译文

君子做到自强不息，正是对天道之健的表达。在各种具体情境中，"潜龙勿用""见龙在田""终日乾乾""或跃在渊""飞龙在天"，都是君子在自强不息。做到了时时处处自强，又怎么会有亢龙之悔呢？君子做到厚德载物，正是对坤道的效法或者说表达，厚德载物就是对地道直、方、大性质的人格呈现，是地道在人身上直接表达的结果。它能使人与万物和谐相处而得元吉，不犯错误。

| 解析 |

　　晏氏此处强调自强不息、厚德载物与天地之道的同一关系，自强不息与厚德载物是天地之道在人道的显现。只要人们都做到了自强不息与厚德载物，无论遭遇何种情境，所作所为便都是道的直接表达，不会有人意之私在里面，这样也就不会犯错误，此即"从心所欲不逾矩"（《论语·为政》）。同时，晏氏以经典中的实例，形象表现了自强不息的内涵，足见其对自强不息的深刻理解。一般人总以为"自强"就是积极进取、奋发有为，实际上，这是以静止的观点看待自强不息，容易形成偏见。自强不息的表现形式以主体所处的具体情境而定，当主体处于初九之位时，"潜龙勿用"也是"自强"的表现。

人能法乾之刚健于事先，则自强不息，何功之不立？人能法坤之柔顺于事后，则厚德载物，何治之不成？

——清·连斗山〔1〕《周易辨书》

注释

〔1〕连斗山：清初安徽颍州（今安徽阜阳）人，字叔度。著有《周易辨画》四十卷，专主以卦画说经，被收入《四库全书》。另著有《周官精义》十二卷。

译文

在临事之先，人如果能效法乾阳之刚健，自强不息，不断提升自身修养，做好充足准备，做事必成。在事发之后，人如果能效法坤阴之柔顺，厚德载物，宽容、从容地对待一切人事物，则定能与周围的人、事物和谐相处。

解析

连斗山指出"自强不息"与"厚德载物"的适用情境，即事先与事后。如果以战争为例理解"事"，对于连氏的说法，可有更形象生动的认识。战前修我戈矛，自强不息，则战事可胜；战后休养生息，厚德载物，则百姓可宁。此种认识不无道理，但失之片面。我们不应将自强不息与厚德载物局限于事前事后，事前既要自强不息，也应厚德载物，事后亦然。自强不息与厚德载物作为君子法天地之道以成己成物的一体两面，应贯穿于君子所遇的一切情境事为之中，不应有所局限。只不过，在不同情境中，需要侧重于哪一方面，如何协调二者之间的关系，则是一个需要考虑的问题。

责任编辑：邵永忠

版式设计：顾杰珍

图书在版编目（CIP）数据

自强不息　厚德载物／温海明 主编 . —北京：人民出版社，2022.5

（典亮世界丛书）

ISBN 978－7－01－024186－9

I.①自…　II.①温…　III.①品德教育－中国－通俗读物　IV.① D648

中国版本图书馆 CIP 数据核字（2021）第 258741 号

自强不息　厚德载物

ZIQIANG BUXI HOUDE ZAIWU

温海明　主编

徐 萃　鲁龙胜　钱玉玺　张星琳　张小宇童　副主编

人民出版社 出版发行

（100706　北京市东城区隆福寺街 99 号）

北京中科印刷有限公司印刷　新华书店经销

2022 年 5 月第 1 版　2022 年 5 月北京第 1 次印刷

开本：710 毫米 ×1000 毫米 1/16　印张：19

字数：230 千字

ISBN 978－7－01－024186－9　定价：79.00 元

邮购地址 100706　北京市东城区隆福寺街 99 号

人民东方图书销售中心　电话（010）65250042　65289539